Anónimo

La estrella de Sevilla

Barcelona 2024
Linkgua-ediciones.com

Créditos

Título original: La estrella de Sevilla.

© 2024, Red ediciones S.L.

e-mail: info@linkgua.com

Diseño de cubierta: Michel Mallard.

ISBN tapa dura: 978-84-1126-241-5.
ISBN rústica: 978-84-9816-067-3.
ISBN ebook: 978-84-9897-539-0.

Cualquier forma de reproducción, distribución, comunicación pública o transformación de esta obra solo puede ser realizada con la autorización de sus titulares, salvo excepción prevista por la ley. Diríjase a CEDRO (Centro Español de Derechos Reprográficos, www.cedro.org) si necesita fotocopiar, escanear o hacer copias digitales de algún fragmento de esta obra.

Sumario

Créditos _____ 4

Brevísima presentación _____ 7

Personajes _____ 8

Jornada primera _____ 9

Jornada segunda _____ 47

Jornada tercera _____ 91

Libros a la carta _____ 137

Brevísima presentación

La estrella de Sevilla es una tragedia histórica anónima. En ella se relata una leyenda acontecida a finales del siglo XIII, el asesinato de Busto Tabera a manos de su futuro cuñado Sancho Ortiz.

El Alcázar árabe, sede de la monarquía del reino moro de Sevilla y convertido tras reconquista de la ciudad en 1248 en Palacio Real, alojaba a los reyes y Castilla León durante sus visitas a la ciudad. Sancho IV (1257-1295) residía en el Alcázar cuando el regidor Busto Tavera pensaba casar a su única hermana, Estrella Tavera, la mujer más bella de Sevilla, con Sancho Ortiz de las Roelas, un apuesto caballero.

Cuenta la leyenda que el rey Sancho pretendió, mediante artimañas, entró los aposentos de Estrella, enfrentándose con Busto. Sancho IV ofendido ante la resistencia de Busto a entregarle a su hermana, quiso recluirlo en una celda, pero sus consejeros le dijeron que era mejor ejecutarlo, ya que el buen hombre era muy apreciado en Sevilla. El rey ordenó el asesinato y encargó al propio Sancho Ortiz la ejecución.

Sancho Ortiz de las Roelas mató a Bustos y fue encarcelado por ello. El asesino, arrepentido, quiso confesarse pero no se negó a denunciar al rey, por lealtad. Al final de la historia Estrella renunció a casarse y se internó en un convento.

Personajes

Busto Tavera
Clarindo, gracioso
Don Arias
Don Gonzalo de Ulloa
Don Manuel
Don Pedro de Guzmán, Alcalde mayor
Don Sancho Ortiz
El rey don Sancho
Estrella, dama
Farfán de Ribera, Alcalde mayor
Fernán Pérez de Medina
Íñigo Osorio
Natilde
Pedro de Caus, Alcalde
Teodora

Jornada primera

Salen el Rey, Don Arias, Don Pedro de Guzmán, y Farfán de Ribera

Rey
    Muy agradecido estoy
al cuidado de Sevilla,
y conozco que en Castilla
soberano rey ya soy.
    Desde hoy reino, pues desde hoy
Sevilla me honra y ampara;
que es cosa evidente y clara,
y es averiguada ley,
que en ella no fuera rey
si en Sevilla no reinara.
    Del gasto y recebimiento,
del aparato en mi entrada,
si no la dejo pagada,
no puedo quedar contento.
Mi Corte tendrá su asiento
en ella, y no es maravilla
que la Corte de Castilla
de asiento en Sevilla esté;
que en Castilla reinaré
mientras reinare en Sevilla.

Pedro
    Hoy sus Alcaldes Mayores
agradecidos pedimos
tus pies, porque recebimos
en su nombre tus favores.
jurados y regidores
ofrecen con voluntad,
su riqueza y su lealtad,
y el Cabildo lo desea,
con condición que no sea

                        en daño de tu ciudad.

Rey   Yo quedo muy satisfecho.

Pedro   Las manos nos da a besar.

Rey   Id, Sevilla, a descansar;
                        que con mi gozo habéis hecho
                        como quien sois, y sospecho
                        que vuestro amparo ha de hacerme
                        rey de Gibraltar, que duerme
                        descuidado en las colunas,
                        y con prósperas fortunas
                        haré que de mí se acuerde.

Farfán   Con su lealtad y su gente
                        Sevilla en tan alta empresa
                        le servirá a Vuestra Alteza,
                        ofreciendo juntamente
                        las vidas.

Arias   Así lo siente
                        su Majestad, de los dos;
                        y satisfecho de vos
                        queda, de vuestro deseo.

Rey   Todo, Sevilla, lo creo
                        y lo conozco. Id con Dios.

(Vanse [don Pedro y Farfán].)

Arias   ¿Qué te parece, señor,
                        de Sevilla?

Rey
          Parecido
me ha tan bien, que hoy he sido
solo rey.

Arias
          Mucho mejor,
mereciendo tu favor,
señor, te parecerá
cada día.

Rey
          Claro está;
que ciudad tan rica y bella,
viviendo de espacio en ella,
más de espacio admirará.

Arias
     El adorno y las grandezas
de las calles, no sé yo
si Augusto en Roma las vio,
ni tuvo tantas riquezas.

Rey
     Y las divinas bellezas,
¿por qué en silencio las pasas?
¿Cómo limitas y tasas
sus celajes y arreboles?
Y di, ¿cómo en tantos soles,
como Faetón, no te abrasas?

Arias
     Doña Leonor de Ribera
todo un cielo parecía;
que de su rostro nacía
el Sol de la primavera.

Rey
     Sol es, si blanca no fuera;
y a un Sol con rayos de nieve
poca alabanza se debe,

	si, en vez de abrasar, enfría.
	Sol que abrasase querría,
	no Sol que helado se bebe.
Arias	Doña Elvira de Guzmán,
	que es la que a su lado estaba,
	¿qué te pareció?
Rey	Que andaba
	muy prolijo el alemán;
	pues de en dos en dos están
	juntas las blancas ansí.
Arias	Un maravedí vi allí.
Rey	Aunque Amor anda tan franco,
	por maravedí tan blanco
	no diera un maravedí.
Arias	Doña Teodora de Castro
	es la que viste de verde.
Rey	Bien en su rostro se pierde
	el marfil, y el alabastro.
Arias	Sacárala Amor de rastro,
	si se la quisiera dar,
	porque en un buen verdemar
	engorda como en favor.
Rey	A veces es bestia Amor,
	y el verde suele tomar.
Arias	La que te arrojó las rosas,

	doña Mencía, se llama, Coronel.
Rey	Hermosa dama, mas otras vi más hermosas.
Arias	Las dos morenas brïosas que en la siguiente ventana estaban, eran doña Ana y doña Beatriz Mejía, hermanas, con que aun el día nuevos resplandores gana.
Rey	Por Ana es común la una, y por Beatriz la otra es sola como el fénix, pues jamás le igualó ninguna.
Arias	¿La buena o mala fortuna también se atribuye al nombre?
Rey	En amor, y no te asombre, los nombres con estrañeza dan calidad y nobleza al apetito del hombre.
Arias	La blanca y rubia...
Rey	No digas quién es ésa. La mujer blanca y rubia vendrá a ser mármol y azófar; y obligas, como adelante prosigas, a oír la que me da pena.

Una vi de gracias llena,
y en silencio la has dejado;
que en sola la blanca has dado,
y no has dado en la morena.
　¿Quién es la que en un balcón
yo con atención miré,
y la gorra le quité
con alguna suspensión?
¿Quién es la que rayos son
sus dos ojos fulminantes,
en abrasar semejantes
a los de Júpiter fuerte,
que están dándome la muerte,
de su rigor ignorantes?
　Una que, de negro, hacía
fuerte competencia al Sol,
y al horizonte español
entre ébano amanecía
una noche, horror del día,
pues, de negro luz le daba;
y él, eclipsado, quedaba
un borrón de la luz pura
del Sol, pues con su hermosura
sus puras líneas borraba.

Arias	Ya caigo, señor, en ella.
Rey	En la mujer más hermosa repara; que es justa cosa.
Arias	ésa la llaman la Estrella de Sevilla.
Rey	Si es más bella

	que el Sol, ¿cómo así la ofende?
	Mas Sevilla no se entiende,
	mereciendo su arrebol
	llamarse Sol, pues es Sol
	que vivifica y enciende.

Arias   Es doña Estrella Tavera
su nombre, y por maravilla
la llama Estrella Sevilla.

Rey   Y Sol llamarla pudiera.

Arias   Casarla su hermano espera
en Sevilla, como es justo.

Rey   ¿Llámase su hermano...?

Arias   Busto
Tavera, y es Regidor
de Sevilla, cuyo honor
a su calidad ajusto.

Rey   ¿Y es casado?

Arias   No es casado;
que en la esfera sevillana
es Sol, si Estrella es su hermana;
que Estrella y Sol se han juntado.

Rey   En buena Estrella he llegado
a Sevilla; tendré en ella
suerte y favor si es tan bella
como la deseo ya.
Todo me sucederá

     muy bien con tan buena Estrella.
     Si tal Estrella me guía,
     ¿cómo me puedo perder?
     Rey soy, y he venido a ver
     estrellas a medio día.
     Don Arias, verla quería;
     que me ha parecido bien.

Arias   Si es Estrella que a Belén
     te guía, señor, ¿no es justo
     que hagas a su hermano Busto
     bestia del portal también?

Rey   ¿Qué orden, don Arias, darás
     para que la vea y hable?

Arias   Esta Estrella favorable
     a pesar del Sol verás;
     a su hermano honrar podrás;
     que los más fuertes honores
     baten tiros de favores.
     Favorécele; que el dar,
     deshacer y conquistar
     puede imposibles mayores.
     Si tú le das y él recibe,
     se obliga; y si está obligado,
     pagará lo que le has dado;
     que al que dan, en bronce escribe.

Rey   A llamarle te apercibe,
     y dar orden juntamente
     como la noche siguiente
     vea yo a Estrella en su casa,
     epiciclo que me abrasa

	con fuego que el alma siente. Parte, y llámame al hermano.
Arias	En el Alcázar le vi; veré, señor, si está allí.
Rey	Si hoy este imposible allano, mi reino pondré en su mano.
Arias	Yo esta Estrella te daré.

(Vase.)

Rey	Cielo estrellado seré en noche apacible y bella; y, solo con una Estrella, más que el Sol alumbraré.

(Sale Don Gonzalo, con luto.)

Gonzalo	Déme los pies Vuestra Alteza.
Rey	Levantad, por vida mía; día de tanta alegría ¿venís con tanta tristeza?
Gonzalo	Murió mi padre.
Rey	Perdí un valiente capitán.
Gonzalo	Y las fronteras están sin quien las defienda.

Rey   Sí.
            Faltó una heroica persona,
            y enternecido os escucho.

Gonzalo   Señor, ha perdido mucho la
            frontera de Archidona;
              y puesto, señor, que igual
            no ha de haber a su valor,
            y que he heredado el honor
            de tan fuerte general,
              Vuestra Alteza no permita
            que no se me dé el oficio
            que ha vacado.

Rey   Es claro indicio
            que en vos siempre se acredita.
              Pero la muerte llorad
            de vuestro padre; y, en tanto
            que estáis con luto y con llanto,
            en mi Corte descansad.

Gonzalo   Con la misma pretensión
            Fernán Pérez de Medina
            viene, y llevar imagina
            por servicios el bastón;
              que, en fin, adalid ha sido
            diez años, y con la espada
            los nácares de Granada
            de granates ha teñido;
              y por eso adelantarme
            quise.

Rey   Yo me veré en ello;
            que, supuesto que he de hacello,

      quiero en ello consultarme.

(Sale Fernán Pérez de Medina.)

Fernán   Pienso, gran señor, que llego
       tarde a vuestros altos pies;
       besarlos quiero, y después ...

Rey   Fernán Pérez, con sosiego
       los pies me podéis besar;
       que aun en mis manos está
       el oficio, y no se da
       tal plaza sin consultar
        primero vuestra persona,
       y otras del reino importantes,
       que, siendo en él los Atlantes,
       serán rayos de Archidona.
        Id, y descansad.

Gonzalo   Señor,
       este memorial os dejo.

Fernán   Y yo el mío, que es espejo
       del cristal de mi valor,
        donde se verá mi cara
       limpia, perfecta, y leal.

Gonzalo   También el mío es cristal,
       que hace mi justicia clara.

(Vanse y salen don Arias y Busto.)

Arias   Aquí, gran señor, está
       Busto Tavera.

Busto	A esos pies
turbado llego, porque es
natural efeto ya
en la presencia del rey
turbarse el vasallo; y yo,
puesto que esto lo causó,
como es ordinaria ley,
dos veces llego turbado,
porque el hacerme, señor,
este impensado favor,
turbación en mí ha causado.
Rey	Alzad.
Busto	Bien estoy ansí;
que, si el rey se ha de tratar
como a santo en el altar,
digno lugar escogí.
Rey	Vos sois un gran caballero.
Busto	De eso he dado a España indicio,
pero, conforme a mi oficio,
señor, los aumentos quiero.
Rey	Pues, ¿yo no os puedo aumentar?
Busto	Divinas y humanas leyes
dan potestad a los reyes,
pero no les dan lugar
a los vasallos a ser
con sus reyes atrevidos,
porque con ellos medidos,

| | gran señor, deben tener
sus deseos: y ansí, yo,
que exceder las leyes veo,
junto a la ley mi deseo. |
|---|---|
| Rey | ¿Cuál hombre no deseó
ser más siempre? |
| Busto | Si a más fuera,
cubierto me hubiera hoy,
pero si Tavera soy,
no ha de cubrirse Tavera. |
| Rey | Notable filosofía
de honor. |
| Arias | Éstos son primero
los que caen. |
| Rey | Yo no quiero,
Tavera, por vida mía,
  que os cubráis hasta aumentar
vuestra persona en oficio
que os dé de este amor indicio.
Y ansí, os quiero consultar,
  sacándoos de ser Tavera,
por general de Archidona;
que vuestra heroica persona
será rayo en su frontera. |
| Busto | Pues yo, señor, ¿en qué guerra
os he servido? |
| Rey | En la paz |

　　　　　　　　　os hallo, Busto, capaz
　　　　　　　　　para defender mi tierra;
　　　　　　　　　　tanto, que ahora os prefiero
　　　　　　　　　a éstos que servicios tales
　　　　　　　　　muestran por sus memoriales,
　　　　　　　　　que, aquí en mi presencia, quiero
　　　　　　　　　　que leáis y despachéis.
　　　　　　　　　Tres pretenden, que sois vos
　　　　　　　　　y éstos dos. Mirad qué dos
　　　　　　　　　competidores tenéis.

(Lee.)

Busto　　　　　　　«Muy poderoso Señor: Don Gonzalo
　　　　　　　　　de Ulloa suplica a Vuestra Alteza le
　　　　　　　　　haga merced de la plaza de Capitán
　　　　　　　　　General de las fronteras de Archidona,
　　　　　　　　　atento que mi padre, estándole sirviendo
　　　　　　　　　más tiempo de catorce años, haciendo
　　　　　　　　　notables servicios a Dios por vuestra
　　　　　　　　　corona, murió en una escaramuza. Pido
　　　　　　　　　justicia, etc.»
　　　　　　　　　　Si de su padre el valor
　　　　　　　　　ha heredado don Gonzalo,
　　　　　　　　　el oficio le señalo.

Lee

　　　　　　　　　«Muy poderoso Señor
　　　　　　　　　　Fernán Pérez de Medina
　　　　　　　　　veinte años soldado ha sido,
　　　　　　　　　y a vuestro padre ha servido,
　　　　　　　　　y serviros imagina
　　　　　　　　　　con su brazo y con su espada

en propios reinos y estraños;
ha sido adalid diez años
de la Vega de Granada;
   ha estado cautivo en ella
tres años en ejercicios
viles, por cuyos oficios
y por su espada, que en ella
   toda su justicia abona,
pide en este memorial
el bastón de General
de los campos de Archidona.»

Rey   Decid los vuestros.

Busto   No sé
servicio aquí que decir
por donde pueda pedir,
ni por donde se me dé.
   Referir de mis pasados
los soberanos blasones,
tantos vencidos pendones
y castillos conquistados,
   pudiera; pero, señor,
ya por ellos merecieron
honor; y, si ellos sirvieron,
no merezco yo su honor.
   La justicia, para sello,
ha de ser bien ordenada
porque es caridad sagrada
que Dios cuelga de un cabello,
   para que, si a tanto exceso
de una cosa tan sutil,
para que, cayendo en fil,
no se quiebre, y dé buen peso.

Dar este oficio es justicia
a uno de los dos aquí;
que, si me le dais a mí,
hacéis, señor, injusticia.
 Y aquí en Sevilla, señor,
en cosa no os he obligado;
que en las guerras fuí soldado,
y en las paces regidor.
 Y si va a decir verdad,
Fernán Pérez de Medina
merece el cargo; que es digna
de la frontera su edad;
 y a don Gonzalo podéis,
que es mozo, y cordobés Cid,
hacer, señor, adalid.

Rey   Sea, pues vos lo queréis.

Busto   Solo quiero —la razón
y la justicia lo quieren—
darlos a los que sirvieron
debida satisfación.

Rey   Basta; que me avergonzáis
con vuestros buenos consejos.

Busto   Son mis verdades espejos,
y así en ellas os miráis.

Rey   Sois un grande caballero,
y en mi cámara y palacio
quiero que asistáis de espacio,
porque yo conmigo os quiero.
 ¿Sois casado?

Busto Gran señor,
soy de una hermana marido,
y casarme no he querido
hasta dársele.

Rey Mejor
yo, Busto, se le daré.
¿Es su nombre...?

Busto Doña Estrella.

Rey A Estrella que será bella
no sé qué esposo le dé
  si no es el Sol.

Busto Solo un hombre,
señor, para Estrella anhelo;
que no es Estrella del cielo.

Rey Yo la casaré en mi nombre
con hombre que la merezca.

Busto Por ello los pies te pido.

Rey Daréla, Busto, marido
que a su igual no desmerezca;
  y decidle que he de ser
padrino y casamentero,
y que yo dotarla quiero.

Busto Ahora quiero saber,
  señor, para qué ocasión
Vuestra Alteza me ha llamado,

	porque me ha puesto en cuidado.
Rey	Tenéis, Tavera, razón.

Yo os llamé para un negocio
de Sevilla, y quise hablaros
primero para informaros
dél; pero la paz y el ocio
  nos convida; más de espacio
lo trataremos los dos;
desde hoy asistidme vos
en mi Cámara y palacio.
Id con Dios. |
| Busto | Los pies me dad. |
| Rey | Mis dos brazos, Regidor,
os daré. |
| Busto (Aparte) | (Tanto favor
no entiende mi actividad;
  sospechoso voy: quererme
y, sin conocerme, honrarme
más parece sobornarme,
honor, que favorecerme.) |
| (Vase.) | |
| Rey | El hombre es bien entendido,
y tan cuerdo como honrado. |
| Arias | De estos honrados me enfado.
¡Cuántos, gran señor, lo han sido
hasta dar con la Ocasión!
Sí, en ella son de estos modos |

	todos cuerdos; pero todos
	con ella bailan a un son.
	Aquél murmura hoy de aquél
	que el otro ayer murmuró;
	que la ley que ejecutó
	ejecuta el tiempo en él.
	Su honra en una balanza
	pone; en otra poner puedes
	tus favores y mercedes,
	tu lisonja y tu privanza,
	y verás, gran señor, como
	la que agora está tan baja
	viene a pesar una paja;
	y ella, mil marcos de plomo.
Rey	Encubierto pienso ver
	esta mujer en su casa;
	que es Sol, pues tanto me abrasa,
	aunque Estrella al parecer.
Arias	Mira que podrán decir.
Rey	Los que reparando están,
	amigo, en lo que dirán
	se quieren dejar morir.
	Viva yo, y diga Castilla
	lo que quisiere entender;
	que Rey Mago quiero ser
	de la Estrella de Sevilla.

(Vanse. Salen Don Sancho, Doña Estrella, Natilde, y Clarindo.)

Sancho	Divino ángel mío,
	¿cuándo seré tu dueño,

sacando de este empeño
las ansias que te envío?
¿Cuándo el blanco rocío
que vierten mis dos ojos,
Sol que alumbrando sales
en conchas de corales,
de que ha formado Amor los labios rojos,
con apacibles calmas
perlas harán que engasten nuestras almas?
  ¿Cuándo, dichosa Estrella
—que como el Sol adoro,
a tu epiciclo de oro
resplandeciente y bella,
la luz que baña y sella
tu cerbelo divino—
con rayos de alegría
adornarás el día,
juntándonos amor en solo un sino,
para que emule el cielo
otro Cástor y Pólux en el suelo?
  ¿Cuándo en lazos iguales
nos llamará Castilla
Géminis de Sevilla
con gustos inmortales?
¿Cuándo tendrán mis males
esperanzas de bienes?
¿Cuándo, alegre y dichoso,
me llamaré tu esposo
a pesar de los tiempos que detienes,
que en perezoso turno
caminan con las plantas de Saturno?

Estrella   Si como mis deseos
los tiempos caminaran,

                    al Sol aventajaran
                    los pasos giganteos;
                    y mis dulces empleos
                    celebrara Sevilla,
                    sin envidiar celosa,
                    amante y venturosa,
                    la regalada y tierna tortolilla,
                    que con arrullos roncos
                    tálamos hace en mil lacivos troncos.
                       En círculos amantes
                    ayer se enamoraban
                    do sabes, y formaban
                    requiebros ignorantes;
                    sus picos de diamantes
                    sus penachos de nieve
                    dulcemente ofendían,
                    mas luego los hacían
                    vaso en que amor sus esperanzas bebe,
                    pues, los picos unidos,
                    se brindaban las almas y sentidos.

Sancho   ¡Ay, cómo te agradezco,
                    mi vida, esos deseos!
                    Los eternos trofeos
                    de la fama apetezco;
                    solo el alma te ofrezco.

Estrella   Yo con ella la vida,
                    para que viva en ella.

Sancho   ¡Ay, amorosa Estrella,
                    de fuego y luz vestida!

Estrella   ¡Ay, piadoso homicida!

Sancho	¡Ay, sagrados despojos, norte en el mar de mis confusos ojos!
Clarindo	¿Cómo los dos no damos de holandas y cambrayes algunos blandos ayes, siguiendo a nuestros amos?
Sancho	¿No callas?
Clarindo	Ya callamos. ¡Ay, hermosa muleta de mi amante desmayo!
Natilde	¡Ay, hermano lacayo, que al son de la almohaza eres poeta!
Clarindo	¡Ay, mi dicha!
Natilde	¡Ay, dichoso!
Clarindo	No tiene tantos ayes un leproso.
Sancho	¿Qué dice al fin tu hermano?
Estrella	Que, hechas las escrituras tan firmes y seguras, el casamiento es llano, y que el darte la mano unos días dilate hasta que él se prevenga.
Sancho	Mi amor quiere que tenga

    mísero fin; el tiempo le combate.
Hoy casarme querría;
que da el tiempo mil vueltas cada día.
   La mar, tranquila y cana,
amanece ya en leche,
y, antes que montes eche
al Sol por la mañana,
en círculos de grana
madruga el alba hermosa,
y luego negra nube
en sus hombros se sube
vistiéndola con sombra tenebrosa,
y los que fueron riscos
son de nieve gigantes basiliscos.
   Penachos de colores
toma un almendro verde,
y en un instante pierde
sus matizadas flores;
cruzan murmuradores
los arroyuelos puros,
y en su argentado suelo
grillos les pone el hielo;
pues si éstos dél jamás están seguros,
¿cómo en tanta mudanza
podré tener del tiempo confïanza?

Estrella	Si el tiempo se detiene, habla a mi hermano.
Sancho	Quiero hablarle, porque muero lo que Amor le entretiene.
Clarindo	Busto Tavera viene.

(Sale Busto.)

Busto ¡Sancho amigo!

Estrella ¡Ay! ¿Qué es esto?

Sancho ¿Vos con melancolía?

Busto Tristeza y alegría
en cuidado me ha puesto.
Éntrate dentro, Estrella.

Estrella ¡Válgame Dios, si el tiempo me atropella!

(Vanse [Estrella, y Natilde].)

Busto Sancho Ortiz de las Roelas...

Sancho ¿Ya no me llamáis cuñado?

Busto Un caballo desbocado
me hace correr sin espuelas.
 Sabed que el rey me llamó,
no sé, por Dios, para qué;
que, aunque se lo pregunté,
jamás me lo declaró.
 Hacíame general
de Archidona, sin pedillo,
y, a fuerza de resistillo,
no me dio el bastón real.
 Hízome al fin...

Sancho Proseguid;

      que todo eso es alegría.
      Decid la melancolía,
      y la tristeza decid.

Busto   De su cámara me ha hecho.

Sancho   También es gusto.

Busto   Al pesar
      vamos.

Sancho   Que me ha de costar
      algún cuidado sospecho.

Busto   Díjome que no casara
      a Estrella, porque el quería
      casalla, y se prefería,
      cuando yo no la dotara,
       a hacerlo, y darla marido
      a su gusto.

Sancho   Tú dijiste
      que estabas alegre y triste;
      mas yo solo el triste he sido,
       pues tú alcanzas las mercedes,
      y yo los pesares cojo.
      Déjame a mí con tu enojo,
      y tú el gusto tener puedes;
       que en la cámara del rey,
      y bien casada tu hermana,
      el tenerle es cosa llana;
      mas no cumples con la ley
       de amistad, porque debías
      decirle al rey que ya estaba

	casada tu hermana.
Busto	Andaba entre tantas demasías turbado mi entendimiento, que lugar no me dio allí a decirlo.
Sancho	Siendo ansí, ¿no se hará mi casamiento?
Busto	¿Volviendo a informar al rey que están hechos los conciertos y escrituras, serán ciertos los contratos; que su ley no ha de atropellar lo justo?
Sancho	Si el rey la quiere torcer, ¿quién fuerza le podrá hacer, habiendo interés o gusto?
Busto	Yo le hablaré, y vos también, pues yo entonces, de turbado, no le dije lo tratado.
Sancho	¡Muerte pesares me den! Bien decía que en el tiempo no hay instante de firmeza, y que el llanto y la tristeza son sombra del pasatiempo. Y cuando el rey con violencia quisiere torcer la ley...
Busto	Sancho Ortiz, el rey es rey;

callar y tener paciencia.

(Vase.)

Sancho
En ocasión tan triste,
¿quién paciencia tendrá, quién sufrimiento?
Tirano, que veniste
a perturbar mi dulce casamiento
con aplauso a Sevilla,
¡no goces los imperios de Castilla!
   Bien de don Sancho el Bravo
mereces el renomabre que en las obras
de conocerte acabo;
y, pues por tu crueldad tal nombre cobras
y Dios siempre la humilla,
¡no goces los imperios de Castilla!
   ¡Conjúrese tu gente,
y pongan a los hijos de tu hermano
la corona en la frente
con bulas del pontífice romano!
Y dándoles tu silla,
¡no goces los imperios de Castilla!
   De Sevilla salgamos;
vamos a Gibraltar, donde las vidas
en su riesgo perdamos.

Clarindo
Sin ir allá las damos por perdidas.

Sancho
Con Estrella tan bella
¿cómo vengo a tener tan mala estrella?
   Mas ¡ay! que es rigurosa,
y en mí son sus efecto desdichados.

Clarindo
Por esta Estrella hermosa

	morimos como huevos estrellados; mejor fuera en tortilla.
Sancho	¡No goces los imperios de Castilla!

(Vanse. Salen el Rey, don Arias, y acompañamiento.)

Rey	Decid como estoy aquí.
Arias	Ua lo saben, y a la puerta a recibirte, señor, sale don Busto Tavera.
Busto	¿Tal merced, tanto favor? ¿En mi casa Vuestra Alteza?
Rey	Por Sevilla así embozado salí, con gusto de verla; y me dijeron, pasando, que eran vuestras casas éstas, y quise verlas; que dicen que son en extremo buenas.
Busto	Son casas de un escudero.
Rey	Entremos.
Busto	Señor, son hechas para mi humildad, y vos no podéis caber en ellas; que, para tan gran señor, se cortaron muy estrechas, y no os vendrán bien sus salas; que son, gran señor, pequeñas,

	porque su mucha humildad
	no aspira a tanta soberbia;
	fuera, señor, de que en casa
	tengo una hermosa doncella
	solamente, que la caso
	ya con escrituras hechas,
	y no sonará muy bien
	en Sevilla, cuando sepan
	que a visitarla venís.
Rey	No vengo, Busto, por ella;
	por vos vengo.
Busto	Gran señor,
	notable merced es ésta;
	y, si aquí por mí venís,
	no es justo que os obedezca;
	que será descortesía
	que a visitar su rey venga
	al vasallo, y que el vasallo
	lo permita y lo consienta.
	Crïado y vasallo soy,
	y es más razón que yo os vea,
	ya que me queréis honrar,
	en el Alcázar; que afrentan
	muchas veces las mercedes,
	cuando vienen con sospecha.
Rey	¿Sospecha? ¿De qué?
Busto	Dirán,
	puesto que al contrario sea,
	que venistes a mi casa
	por ver a mi hermana; y puesta

	en opiniones su fama,

        en opiniones su fama,
        está a pique de perderla;
        que el honor es cristal puro,
        que con un soplo se quiebra.

Rey   Ya que estoy aquí, un negocio
        comunicaros quisiera.
        Entremos.

Busto   Por el camino
        será, si me dais licencia;
        que no tengo apercebida
        la casa.

(Aparte con don Arias.)

Rey   Gran resistencia
        nos hace.

Arias   Llevarle importa;
        que yo quedaré con ella,
        y en tu nombre la hablaré.

Rey   Habla paso, no te entienda;
        que tiene todo su honor
        este necio en las orejas.

Arias   Arracadas muy pesadas
        de las orejas se cuelgan
        el peso las romperá.

Rey   Basta, no quiero por fuerza
        ver vuestra casa.

Busto   Señor,
en casando a doña Estrella,
con el adorno que es justo
la verá.

Arias   Esos coches llega.

Rey   Ocupad, Busto, un estribo.

Busto   A pie, si me dais licencia,
señor, yo iré.

Rey   El coche es mío,
y mando yo en él.

Arias   Ya esperan
los coches.

Rey   Guíen al Alcázar.

Busto (Aparte.)   (Muchas mercedes son éstas,
y gran favor me hace el rey.
¡Plegue a Dios que por bien sea!)

(Vanse, y queda don Arias. Salen Estrella, y Natilde.)

Estrella   ¿Qué es lo que dices, Natilde?

Natilde   Que era el rey, señora.

Arias   Él era;
y no es mucho que los reyes
siguiendo una Estrella vengan.
A vuestra casa venía

buscando tanta belleza;
que, si el rey lo es de Castilla,
vos de la beldad sois reina.
El rey don Sancho, a quien llaman,
por su invicta fortaleza,
el Bravo, el vulgo, y los moros,
porque de su nombre tiemblan,
el Fuerte, y sus altas obras,
el Sacro y Augusto César
—que los laureles romanos,
con sus hazañas, afrenta,—
esa divina hermosura
vio en un balcón, competencia
de los palacios del alba,
cuando, en rosas y azucenas
medio dormidas, las aves
la madrugan y recuerdan,
y, del desvelo llorosa,
vierte racimos de perlas.
Mandóme que de Castilla
las riquezas te ofreciera
—aunque son para tus gracias
limitadas sus riquezas,—
que su voluntad admitas;
que, si la admites y premias,
serás de Sevilla el Sol,
si hasta aquí has sido la Estrella.
Daráte villas, ciudades,
de quien serás ricahembra,
y a un ricohombre te dará
por esposo, con quien seas
corona de tus pasados
y aumento de tus Taveras.
¿Qué respondes?

Estrella ¿Qué respondo?
Lo que ves.

Vuelve la espalda

Arias Aguarda, espera.

Estrella A tan livianos recados
da mi espalda la respuesta.

(Vase.)

Arias (Aparte) (¡Notable valor de hermanos!
Los dos suspenso me dejan.
La gentilidad romana
Sevilla en los dos celebra.
Parece cosa imposible
que el rey los contraste y venza;
pero porfía y poder
talan montes, rompen peñas.
Hablar quiero a esta crïada;
que las dádivas son puertas
para conseguir favores
de las Porcias y Lucrecias.)

(A Natilde.)

¿Eres crïada de casa?

Natilde Crïada soy, mas por fuerza.

Arias ¿Cómo por fuerza?

Natilde
　　　　　　　　Que soy
esclava.

Arias
　　　　　　　¿Esclava?

Natilde
　　　　　　　　Y sujeta,
sin la santa libertad,
a muerte y prisión perpetua.

Arias
　　　　Pues yo haré que el rey te libre,
y mil ducados de renta
con la libertad te dé,
si en su servicio te empleas.

Natilde
　　　　Por la libertad y el oro
no habrá maldad que no emprenda;
mira lo que puedo hacer;
que lo haré, como yo pueda.

Arias
　　　　Tú has de dar al rey entrada
en casa esta noche.

Natilde
　　　　　　　　　Abiertas
todas las puertas tendrá,
como cumplas la promesa.

Arias
　　　　Una cédula del rey,
con su firma y de su letra,
antes que entre, te daré.

Natilde
　　　　Pues yo le pondré en la mesma
cama de Estrella esta noche.

Arias
　　　　¿A qué hora Busto se acuesta?

Natilde	Al alba viene a acostarse; todas las noches requiebra; que este descuido en los hombres infinitas honras cuesta.
Arias	¿Y a qué hora te parece que venga el rey?
Natilde	Señor, venga a las once; que ya entonces estará acostada.
Arias	Lleva esta esmeralda en memoria de las mercedes que esperas del rey.
Natilde	Que no hay para qué.
Arias	No quiero que te parezcas a los médicos.
Natilde	Por oro, ¿qué monte tendrá firmeza? El oro ha sido en el mundo el que los males engendra, porque si él faltara, es claro, no hubiera infamias, ni afrentas.

(Vanse, y Salen Íñigo Osorio, Busto Tavera, y don Manuel, con llaves doradas.)

Manuel	Goce Vuestra Señoría la llave y cámara, y vea

	el aumento que desea.
Busto	Saber pagalle querría
	a Su Alteza la merced
	que me hace sin merecella.
Íñigo	Mucho merecéis, y en ella
	que no se engaña, creed,
	el rey.
Busto	Su llave me ha dado
	pero me hace de su cielo,
	aunque me amenaza el suelo,
	viéndome tan levantado;
	que, como impensadamente
	tantas mercedes me ha hecho,
	que se ha de mudar, sospecho,
	el que honra tan de repente.
	Mas, conservando mi honor,
	si a lo que he sido me humilla,
	vendré a quedarme en Sevilla
	Veinticuatro, y Regidor.
Íñigo	¿Quién es de guarda?
Manuel	Ninguno
	de los tres.
Íñigo	Pues yo quisiera
	holgarme.
Manuel	Busto Tavera,
	si tenéis requiebro alguno,
	esta noche nos llevad,

	y la espalda os guardaremos.
Busto	Si queréis que visitemos lo común de la ciudad, yo os llevaré donde halléis conceptos, y vocería, y dulce filosofía de Amor.
Manuel	Merced nos haréis.

(Sale don Arias.)

Arias	A recoger, caballeros; que quiere el rey escribir.
Manuel	Vamos, pues, a divertir la noche.

(Vanse, y [queda don Arias]. Sale el Rey.)

Rey	¿Que sus luceros esta noche he de gozar, don Arias?
Arias	El esclavilla es estremada.
Rey	Castilla estatuas la ha de labrar.
Arias	Una cédula has de hacella.
Rey	Ven, don Arias, a ordenarla;

                    que no dudaré en firmarla,
                    como mi amor lo atropella.

Arias   ¡Buena queda la esclavilla,
                    a fe de noble!

Rey   Recelo
                    que me vende el Sol del cielo
                    en la Estrella de Sevilla.

                    Fin de la primera jornada

Jornada segunda

(Salen el Rey, don Arias, y Natilde.)

Natilde
> Solo será más seguro;
> que todos reposan ya.

Rey
> ¿Y Estrella?

Natilde
> Durmiendo está;
> y el cuarto en que duerme, oscuro.

Rey
> Aunque decillo bastaba,
> éste es, mujer, el papel
> con la libertad en él;
> que yo le daré otra esclava
> a Busto.

Arias
> El dinero y todo
> va en él.

Natilde
> Dadme vuestros pies.

(Aparte con el Rey.)

Arias
> Todos con el interés
> son, señor, de un mismo modo.

Rey
> Divina cosa es reinar.

Arias
> ¿Quién lo puede resistir?

Rey
> Solo, al fin, he de subir,
> para más disimular.

Arias	¿Solo te aventuras?
Rey	Pues, ¿por qué espumosos remolcos por manzanas paso a Colcos? Busto mi vasallo es. ¿No es su casa ésta en que estoy? Pues dime, ¿a qué me aventuro? Y cuando no esté seguro, ¿conmigo mismo no voy? Véte.
Arias	¿Dónde aguardaré?
Rey	Desvïado de la calle, en parte donde te halle.
Arias	En San Marcos entraré.
(Vase.)	
Rey	¿A qué hora Busto vendrá?
Natilde	Viene siempre cuando al alba hacen pajarillas salva; y abierta la puerta está hasta que él viene.
Rey	El Amor me allane tan alta empresa.
Natilde	Busque tras mí Vuestra Alteza lo oscuro del corredor;

	que así llegará a sus bellas luces.
Rey	Mira mis locuras, pues los dos, ciegos y a escuras, vamos a caza de Estrellas.
Natilde	¿Qué Estrella al Sol no se humilla?
Rey	Aunque soy don Sancho el Bravo, venero en el cielo octavo esta Estrella de Sevilla.

(Vanse. Salen Busto, don Manuel, y don Íñigo.)

Busto	Ésta es mi posada.
Íñigo	Adiós.
Busto	Es temprano para mí.
Manuel	No habéis de pasar de aquí.
Busto	Basta.
Íñigo	Tenemos los dos cierta visita que hacer.
Busto	¿Qué os pareció Feliciana?
Manuel	En el Alcázar mañana, amigo, en esa mujer hablaremos; que es figura muy digna de celebrar.

(Vanse [don Manuel y don Íñigo.])

Busto
Temprano me entro a acostar;
toda la casa está oscura.
¿No hay un paje? ¡Hola, Luján!
¡Osorio! ¡Juanico! ¡Andrés!
¿Todos duermen? ¡Justa! ¡Inés!
¿También ellas dormirán?
¡Natilde! ¿También la esclava
se ha dormido? Es dios el sueño,
y de los sentidos dueño.

(Salen Natilde, y el Rey.)

Natilde
Pienso que es el que llamaba
mi señor. Perdida soy.

Rey
¿No dijiste que venía
al alba?

Natilde
¡Desdicha es mía!

Busto
¡Natilde!

Natilde
¡Ay Dios! Yo me voy.

Rey
No tengas pena.

Busto
¿Quién es?

Rey
Un hombre.

Busto
¿A estas horas? ¡Hombre,

        y en mi casa! Diga el nombre.

Rey
        Aparta.

Busto
              No sois cortés;
y si pasa, ha de pasar
por la punta de esta espada;
que, aunque esta casa es sagrada,
la tengo de profanar.

Rey
        Ten la espada.

Busto
              ¿Qué es tener,
cuando el cuarto de mi hermana
de esta suerte se profana?
Quién sois tengo de saber,
  o aquí os tengo de matar.

Rey
        Hombre de importancia soy.
Déjame.

Busto
        En mi casa estoy,
y en ella yo he de mandar.

Rey
        Déjame pasar; advierte
que soy hombre bien nacido;
y, aunque a tu casa he venido,
no es mi intención ofenderte,
  sino aumentar más tu honor.

Busto
        ¿El honor así se aumenta?

Rey
        Corra tu honor por mi cuenta.

Busto	Por esta espada es mejor.
	Y, si mi honor procuráis,
	¿cómo embozado venís?
	Honrándome, ¿os encubrís?
	Dándome honor, ¿os tapáis?
	Vuestro temor os convenza,
	como averiguado está,
	que ninguno que honra da
	tiene de daRla vergüenza.
	Meted mano, o, ¡vive Dios,
	que os mate!
Rey	¡Necio apurar!
Busto	Aquí os tengo de matar,
	o me habéis de matar vos.
Rey (Aparte)	(Diréle quién soy.)
	Deténte;
	que soy el rey.
Busto	¡Es engaño!
(Aparte.)	(¿El rey procura mi daño,
	solo, embozado, y sin gente?)
	No puede ser; y a Su Alteza
	aquí, villano, ofendéis,
	pues defecto en él ponéis,
	que es una estraña bajeza.
	¿El rey había de estar
	sus vasallos ofendiendo?
	De esto de nuevo me ofendo;
	por esto os he de matar,
	aunque más me porfiéis;
	y, ya que a mí me ofendáis,

(Mete mano.)

                no en su grandeza pongáis
                tal defeto, pues sabéis
                   que sacras y humanas leyes
                condenan a culpa estrecha
                al que imagina o sospecha
                cosa indigna de los reyes.

Rey (Aparte.)   (¡Qué notable apurar de hombre!)
                Hombre, digo que el rey soy.

Busto   Menos crédito te doy,
                porque aquí no viene el nombre
                   de rey con las obras, pues
                es el rey el que da honor;
                tú buscas mi deshonor.

Rey (Aparte.)   (Éste es necio y descortés.
                   ¿Qué he de hacer?)

Busto (Aparte.)   (El embozado
                es el rey, no hay que dudar;
                quiérole dejar pasar,
                y saber si me ha afrentado
                   luego; que el alma me incita
                la cólera y el furor;
                que es como censo el honor,
                que aun el que le da le quita.)
                   Pasa, cualquiera que seas,
                y otra vez al rey no infames,
                ni el rey, villano, te llames
                cuando haces hazañas feas.

　　　　　　　　Mira que el rey mi señor,
　　　　　　　　del África horror y espanto,
　　　　　　　　es cristianísimo y santo,
　　　　　　　　y ofendes tanto valor.
　　　　　　　　　La llave me ha confiado
　　　　　　　　de su casa, y no podía
　　　　　　　　venir sin llave a la mía
　　　　　　　　cuando la suya me ha dado.
　　　　　　　　　Y no atropelléis la ley;
　　　　　　　　mirad que es hombre en efeto;
　　　　　　　　esto os digo, y os respeto
　　　　　　　　porque os fingistes el rey.
　　　　　　　　　Y de verme no os asombre,
　　　　　　　　cuerdo, aunque quedo afrentado;
　　　　　　　　que un vasallo está obligado
　　　　　　　　a tener respeto al nombre.
　　　　　　　　　Esto, don Busto Tavera
　　　　　　　　aquí os lo dice, y, por Dios,
　　　　　　　　que como lo dice a vos,
　　　　　　　　a él mismo se lo dijera.
　　　　　　　　　Y, sin más atropellarlos
　　　　　　　　contra Dios y contra ley,
　　　　　　　　así aprenderá a ser rey
　　　　　　　　del honor de sus vasallos.

Rey　　　　　　　　Ya no lo puedo sufrir;
　　　　　　　　que estoy confuso y corrido.
　　　　　　　　Necio, porque me he fingido
　　　　　　　　el rey ¿me dejas salir?
　　　　　　　　　Pues advierte que yo quiero,
　　　　　　　　porque dije que lo era,
　　　　　　　　salir de aquesta manera;

(Mete mano.)

  que, si libertad adquiero
   porque aquí rey me llamé
  y en mí respetas el nombre,
  porque te admire y asombre,
  en las obras lo seré.
   Muere, villano; que aquí
  aliento el nombre me da
  de rey, y él te matará.

Busto   Solo mi honor reina en mí.

(Salen Criados con luces.)

Criados   ¿Qué es esto?

(Riñen.)

Rey (Aparte.)   (Escaparme quiero,
  antes de ser conocido.
  De este villano ofendido
  voy, pero vengarme espero.)

(Vase.)

Criados   Huyó quien tu ofensa trata.

Busto   Seguilde, dadle el castigo...
  Dejadle; que al enemigo
  se ha de hacer puente de plata.
   Si huye, la gloria es notoria;
  que se alcanza sin seguir;
  que el vencido con hüir
  da al vencedor la vitoria.

Cuanto más que éste que huyó,
más por no ser conocido
huye, que por ser vencido,
porque nadie le venció.
Dadle una luz a Natilde,
y entraos vosotros allá.

(Dánsela, y vanse.)

Busto (Aparte.)   (Ésta me vende; que está
avergonzada y humilde.
La verdad he de sacar
con una mentira cierta.)
Cierra de golpe esa puerta.
Aquí os tengo de matar.
Todo el caso me ha contado
el rey.

Natilde   Si el rey no guardó
el secreto, ¿cómo yo,
con tan infelice estado,
lo puedo guardar? Señor,
todo lo que el rey te dijo
es verdad.

Busto (Aparte.)   (Ya aquí colijo
los defetos de mi honor.)
¿Que tú al fin al rey le diste
entrada?

Natilde   Me prometió
la libertad; y ansí yo,
por ella, como tú viste,
hasta este mismo lugar

                le metí.

Busto   Y di, ¿sabe Estrella
algo de esto?

Natilde   Pienso que ella
en sus rayos a abrasar
  me viniera, si entendiera
mi concierto.

Busto   Es cosa clara,
porque, si acaso enturbiara
la luz, Estrella no fuera.

Natilde   No permite su arrebol
eclipse, ni sombra oscura;
que es su luz, brillante y pura,
participado del Sol.
    A su cámara llegó.
En dándome este papel
entró el rey, y tú tras él.

Busto   ¿Cómo? ¿Este papel te dio?

Natilde   Con mil ducados de renta,
y la libertad.

Busto   ¡Favor
grande a costa de mi honor!
¡Bien me engrandece y aumenta!
    Ven conmigo.

Natilde   ¿Dónde voy?

Busto
　　　Vas a que te vea el rey;
　　　que así cumplo con la ley
　　　y obligación de quien soy.

Natilde
　　　¡Ay, desdichada esclavilla!

Busto
　　　Si el rey la quiso eclipsar,
　　　fama a España ha de quedar
　　　de la Estrella de Sevilla.

(Vanse. Salen el Rey, y don Arias.)

Rey
　　　Esto, al fin, me ha sucedido.

Arias
　　　¿Quisiste entrar solo?

Rey
　　　　　　　　　　Ha andado
　　　tan necio y tan atrevido,
　　　que vengo, amigo, afrentado;
　　　que sé que me ha conocido.
　　　　Metió mano para mí
　　　con equívocas razones;
　　　y, aunque más me resistí,
　　　las naturales acciones,
　　　con que como hombre nací,
　　　　del decoro me sacaron
　　　que pide mi majestad.
　　　Doy sobre él, pero llegaron
　　　con luces, que la verdad
　　　dijeran que imaginaron,
　　　　si la espalda no volviera,
　　　temiendo el ser conocido
　　　y vengo de esta manera.
　　　Lo que ves me ha sucedido,

Arias, con Busto Tavera.

Arias
　　　　Pague con muerte el disgusto;
　　　　degüéllale, vea el Sol
　　　　naciendo el castigo justo,
　　　　pues en el orbe español
　　　　no hay más leyes que tu gusto.

Rey
　　　　Matarle públicamente,
　　　　Arias, es yerro mayor.

Arias
　　　　Causa tendrás suficiente;
　　　　que en Sevilla es Regidor,
　　　　y el más sabio y más prudente
　　　　　no deja, señor, de hacer
　　　　algún delito, llevado
　　　　de la ambición del poder.

Rey
　　　　Es tan cuerdo y tan mirado,
　　　　que culpa no ha de tener.

Arias
　　　　Pues hazle, señor, matar
　　　　en secreto.

Rey
　　　　　　　Eso sí;
　　　　mas ¿de quién podré fiar
　　　　este secreto?

Arias
　　　　　　　De mí.

Rey
　　　　No te quiero aventurar.

Arias
　　　　Pues yo darte un hombre quiero,
　　　　valeroso, y gran soldado

　　　　　　como insigne caballero,
　　　　　　de quien el Moro ha temblado
　　　　　　en el obelisco fiero
　　　　　　　de Gibraltar, donde ha sido
　　　　　　muchas veces capitán
　　　　　　vitorioso, y no vencido;
　　　　　　y hoy en Sevilla le dan,
　　　　　　por gallardo y atrevido,
　　　　　　　el lugar primero; que es
　　　　　　de militares escuelas
　　　　　　el Sol.

Rey　　　　　　　Su nombre ¿cómo es?

Arias　　　　　Sancho Ortiz de las Roelas,
　　　　　　y el Cid andaluz después.
　　　　　　　Éste le dará la muerte,
　　　　　　señor, con facilidad;
　　　　　　que es bravo, robusto, y fuerte,
　　　　　　y tiene en esta ciudad
　　　　　　superior ventura y suerte.

Rey　　　　　Ése al momento me llama,
　　　　　　pues ya quiere amanecer.

Arias　　　　　Ven a acostarte.

Rey　　　　　　　　　　¿Qué cama,
　　　　　　Arias, puede apetecer
　　　　　　quien está ofendido, y ama?
　　　　　　　Ese hombre llama al momento.

Arias　　　　　En el Alcázar está
　　　　　　un bulto pendiente al viento.

Rey	¿Bulto dices? ¿Qué será?
Arias	No será sin fundamento.
Rey	Llega, don Arias, a ver lo que es.
Arias	Es mujer colgada.
Rey	¿Mujer?
Arias	Digo que es mujer.
Rey	¿Mujer dices?
Arias	Y está ahorcada, con que no lo viene a ser.
Rey	Mira quién es.
Arias	¡La esclavilla, con el papel en las manos!
Rey	¡Hay tal rabia!
Arias	¡Hay tal mancilla!
Rey	Mataré a los dos hermanos, si se alborota Sevilla. Mándala luego quitar, y con decoro y secreto también la manda enterrar. ¿Ansí se pierde el respeto

            a un rey? No me ha de quedar,
            si más que si arenas fuera,
            de este linaje ninguno.
            En Sevilla, gente fiera,
            a mis manos, uno a uno,
            no ha de quedar un Tavera;
              esta Estrella, que al Sol brilla
            en Sevilla, ha de caer.

Arias   Si cae, no es maravilla
            que la abrase.

Rey   Se ha de arder
            hoy con su Estrella Sevilla.

(Vanse, y salen Busto y Estrella.)

Busto   Echa ese marco.

Estrella   ¿Qué es esto,
            que apenas el Sol dormido
            por los balcones del alba
            sale pisando zafiros,
            y del lecho me levantas,
            solo, triste, y afligido?
            ¿Confuso y turbado me hablas?
            Dime, ¿has visto algún delito
            en que cómplice yo sea?

Busto   Tú me dirás si lo has sido.

Estrella   ¿Yo? ¿Qué dices? ¿Estás loco?
            Dime si has perdido el juicio.
            ¿Yo delito? Mas ya entiendo

        que tú lo has hecho en decirlo,
        pues solo con preguntallo
        contra mí lo has cometido.
        ¿Si he hecho delitos preguntas?
        No de ti, de mí me admiro;
        mas por decirte que sí,
        lo quiero hacer en sufrillo.
        ¿No me conoces? ¿No sabes
        quién soy? ¿En mi boca has visto
        palabras desenlazadas
        del honor con que las rijo?
        ¿Has visto alegres mis ojos,
        de la cárcel de sus vidrios
        desatar rayos al aire,
        lisonjeros y lacivos?
        ¿En las manos de algún hombre
        viste algún papel escrito
        de la mía? ¿Has visto hablando,
        dime, algún hombre conmigo?
        Porque, si no has visto nada
        de las cosas que te he dicho,
        ¿qué delito puede haber?

Busto   Sin ocasión no lo digo.

Estrella   ¿Sin ocasión?

Busto   ¡Ay, Estrella!
        que esta noche en casa...

Estrella   Dilo;
        que si estuviera culpada,
        luego me ofrezco al suplicio.
        ¿Qué hubo esta noche en mi casa?

Busto	Esta noche, fue epiciclo
del Sol; que en entrando en ella
se trocó de Estrella el signo.
Estrella	Las llanezas del honor
no con astrólogo estilo
se han de decir; habla claro,
y deja en sus zonas cinco
al Sol; que, aunque Estrella soy,
yo por el Sol no me rijo;
que son las suyas errantes,
y yo Estrella fija he sido
en el cielo de mi honor,
de quien los rayos recibo.
Busto	Cuando partía la noche
con sus destemplados gritos
entre domésticas aves
los gallos olvidadizos,
rompiendo el mudo silencio
en su canoro sonido
la campana de Las Cuevas,
lisonja del cielo impíreo,
entré en casa, y topé en ella,
cerca de tu cuarto mismo,
al rey, solo y embozado.
Estrella	¿Qué dices?
Busto	Verdad te digo.
Mira, Estrella, a aquellas horas
¿a qué pudo haber venido
el rey a mi casa, solo,

si por Estrella no vino?
Que de noche las estrellas
son de los cielos jacintos,
y a estas horas las buscaban
los astrólogos egipcios.
Natilde con él estaba,
que a los pasos y al rüido
se oyó; que, aunque a oscuras
era, la vio el honor lince mío.
Metí mano, y «¿Quién va?» dije;
respondió, «Un hombre», y embisto
con él, y él, de mí apartado,
que era el rey, Estrella, dijo.
Y, aunque le conocí luego,
híceme desentendido
en conocelle; que el cielo
darme sufrimiento quiso.
Embistióme como rey
enojado y ofendido;
que un rey que embiste enojado
se trae su valor consigo.
Salieron pajes con luces,
y entonces, por no ser visto,
volvió la espalda, y no pudo
ser de nadie conocido.
Conjuré a la esclava, y ella,
sin mostralle de Dionisio
los tormentos, confesó
las verdades sin martirio.
Firmada la libertad
le dio en un papel que le hizo
el rey, que ha sido el proceso
en que sus culpas fulmino.
Saquéla de casa luego,

　　　　　　　　porque su aliento nocivo
　　　　　　　　no sembrara deshonor
　　　　　　　　por los nobles edificios;
　　　　　　　　que es un crïado, si es malo,
　　　　　　　　en la casa un basilisco;
　　　　　　　　si con lisonjas y halagos,
　　　　　　　　engañoso cocodrilo.
　　　　　　　　Cogíla a la puerta, y luego,
　　　　　　　　puesta en los hombros, camino
　　　　　　　　al Alcázar, y en sus rejas
　　　　　　　　la colgué por el delito;
　　　　　　　　que quiero que el rey conozca
　　　　　　　　que hay Brutos contra Tarquinos
　　　　　　　　en Sevilla, y que hay vasallos
　　　　　　　　honrados y bien nacidos.
　　　　　　　　Esto me ha pasado, Estrella;
　　　　　　　　nuestro honor está en peligro.
　　　　　　　　Yo he de ausentarme por fuerza,
　　　　　　　　y es fuerza darte marido.
　　　　　　　　Sancho Ortiz lo ha de ser tuyo;
　　　　　　　　que con su amparo te libro
　　　　　　　　del rigor del rey, y yo
　　　　　　　　libre me pongo en camino.
　　　　　　　　Yo le voy a buscar luego,
　　　　　　　　porque así mi honor redimo,
　　　　　　　　y el nombre de los Taveras
　　　　　　　　contra el tiempo resucito.

Estrella　　　　　　　¡Ay, Busto! Dame esa mano
　　　　　　　　por el favor recebido
　　　　　　　　que me has hecho.

Busto　　　　　　　　　　　　　　Hoy has de serlo,
　　　　　　　　y ansí, Estrella, te apercibo

su esposa; guarda silencio,
porque importa al honor mío.

(Vase.)

Estrella ¡Ay, Amor! ¡Y qué ventura!
Ya estás de la venda asido;
no te has de librar. Mas ¿quién
sacó el fin por el principio,
si entre la taza y la boca
un sabio temió el peligro?

(Vase. Salen don Arias, y el Rey con dos papeles en las manos.)

Arias Ya en la antecámara aguarda
Sancho Ortiz de las Roelas.

Rey Ya me parece que tarda;
todo el amor es cautelas
si la piedad me acobarda,
 en este papel sellado
traigo su nombre y su muerte,
y en éste, que yo he mandado
matalle; y de aquesta suerte
él quedará disculpado.
 Hazle entrar, y echa a la puerta
la loba, y tú no entres.

Arias ¿No?

Rey No, porque quiero que advierta
que sé este secreto yo
solamente; que concierta
 la venganza en mi deseo

	más acomodada ansí.
Arias	Voy a llamarle.
(Vase.)	
Rey	Ya veo,
Amor, que no es éste en mí
alto y glorioso trofeo
mas disculparme podrán
mil prodigiosas historias
que en vivos bronces están;
y este exceso entre mil glorias
los tiempos disculparán.
(Sale Sancho Ortiz.)	
Sancho	Vuestra Alteza a mis dos labios
les conceda los dos pies.
Rey	Alzad; que os hiciera agravios;
alzad.
Sancho	Señor...
Rey (Aparte.)	(Galán es.)
Sancho	Los filósofos más sabios,
y más dulces oradores,
en la presencia real,
sus retóricas colores
pierden; y en grandeza igual,
y en tan inmensos favores,
no es mucho que yo, señor,

	me turbe, no siendo aquí
	retórico, ni orador.
Rey	Pues decid, ¿qué veis en mí?
Sancho	La majestad, y el valor,
	y, al fin, una imagen veo
	de Dios, pues le imita el rey;
	y, después dél, en vos creo;
	y a vuestra cesárea ley,
	gran señor, aquí me empleo.
Rey	¿Cómo estáis?
Sancho	Nunca me he visto
	tan honrado como estoy,
	pues a vuestro lado asisto.
Rey	Pues, aficionado os soy
	por prudente, y por bienquisto,
	y por valiente soldado,
	y por hombre de secreto,
	que es lo que más he estimado.
Sancho	Señor, de mí tal conceto,
	Vuestra Alteza, más me ha honrado,
	que las partes que me dais
	sin tenellas; sustenellas
	tengo, por lo que me honráis.
Rey	Son las virtudes Estrellas.
Sancho (Aparte.)	(Si en la Estrella me tocáis,
	ciertas son mis desventuras;

	honrándome el rey me ofende; no son sus honras seguras, pues sospecho que pretende dejarme sin ella a escuras.
Rey	Porque estaréis con cuidado, codicioso de saber para lo que os he llamado, decíroslo quiero, y ver que en vos tengo un gran soldado. A mí me importa matar en secreto a un hombre, y quiero este caso confiar solo de vos; que os prefiero a todos los del lugar.
Sancho	¿Está culpado?
Rey	Sí está.
Sancho	Pues ¿cómo muerte en secreto a un culpado se le da? Poner su muerte en efeto públicamente podrá vuestra justicia, sin darle muerte en secreto; que ansí vos os culpáis en culparle, pues dais a entender que aquí sin culpa mandáis matarle. Y dalle muerte, señor, sin culpa, no es justa ley, sino bábaro rigor; y un rey, solo por ser rey, se ha de respetar mejor;

       que, si un brazo poderoso
no se vence en lo que puede,
siempre será riguroso,
y es bien que entrenado quede
con el afecto piadoso.
       ¿Qué hace un poderoso en dar
muerte a un humilde, despojos
de sus pies, sino triunfar
de las pasiones y enojos
con que le mandó matar?
       Si ese humilde os ha ofendido
en leve culpa, señor,
que le perdonéis os pido.

Rey   Para su procurador,
Sancho Ortiz, no habéis venido,
   sino para darle muerte;
y, pues se la mando dar
escondiendo el brazo fuerte,
debe a mi honor importar
matarle de aquesta suerte.
       ¿Merece el que ha cometido
crimen lese muerte?

Sancho   En fuego.

Rey   Y ¿si crimen lese ha sido
el de éste?

Sancho   ¡Que muera luego!
Y a voces, señor, os pido
   —aunque él mi hermano sea,
o sea deudo, o amigo
que en el corazón se emplea—

        el riguroso castigo
        que tu autoridad desea.
          Si es así, muerte daré,
        señor, a mi mismo hermano,
        y en nada repararé.

Rey   Dadme esa palabra y mano.

Sancho   Y en ella el alma y la fe.

Rey   Hallándole descuidado
        puedes matalle.

Sancho   Señor,
        siendo Roela, y soldado,
        ¿me quieres hacer traidor?
        Yo, ¿muerte en caso pensado?
          Cuerpo a cuerpo he de matalle
        donde Sevilla lo vea,
        en la plaza, o en la calle;
        que el que mata y no pelea,
        nadie puede disculparle;
          y gana más el que muere
        a traición, que el que le mata;
        que el muerto opinión adquiere,
        y el vivo, con cuantos trata,
        su alevosía refiere.

Rey   Matalde como queráis;
        que este papel, para abono,
        de mí firmado lleváis,
        por donde, Sancho, os perdono
        cualquier delito que hagáis;
          referildo.

(Dale un papel.)

Sancho
(Lee.)
          Dice así
«Al que ese papel advierte,
Sancho Ortiz, luego por mí
y en mi nombre dalde muerte;
que yo por vos salgo aquí;
  y si os halláis en aprieto,
por este papel firmado
sacaros dél os prometo.
Yo el Rey.» Estoy admirado
de que tan poco conceto
  tenga de mí Vuestra Alteza.
¿Yo cédula? ¿Yo papel?
Tratadme con más llaneza;
que más en vos que no en él
confía aquí mi nobleza.
  Si vuestras palabras cobran
valor que los montes labra,
y ellas cuanto dicen obran,
dándome aquí la palabra,
señor, los papeles sobran.
  A la palabra remito
la cédula que me dais,
con que a vengaros me incito,
porque, donde vos estáis,
es escusado lo escrito.
  Rompeldo, porque sin él
la muerte le solicita
mejor, señor, que con él;
que en parte desacredita
vuestra palabra el papel.

(Rómpele.)

      Sin papel, señor, aquí
nos obligamos los dos,
y prometemos ansí: yo,
de vengaros a vos,
y vos, de librarme a mí.
      Y si es así, no hay que hacer
cédulas, que estorbo han sido
yo os voy luego a obedecer,
y solo, por premio, os pido
para esposa la mujer
    que yo eligiere.

Rey   Aunque sea
ricafembra de Castilla,
os la concedo.

Sancho   Posea
vuestro pie la alarbe silla;
el mar los castillos vea
    gloriosos, y dilatados
por sus trópicos ardientes
y por sus climas helados.

Rey   Vuestros hechos excelentes,
Sancho, quedarán premiados.
      En este papel va el nombre
del hombre que ha de morir.

(Dale un papel.)

      cuando le abráis, no os asombre;
mirad que he oído decir

                   en Sevilla que es muy hombre.

Sancho   Presto, señor, lo sabremos.

Rey   Los dos, Sancho, solamente,
este secreto sabemos;
no hay que advertiros; prudente
sois vos. Obrad, y callemos.

(Vase el Rey, y sale Clarindo.)

Clarindo   ¿Había de encontrarte,
cuando nuevas tan dulces vengo a darte?
Dame, señor, albricias
de las glorias mayores que codicias.

Sancho   ¿Agora de humor vienes?

Clarindo   ¿Cómo el alma en los brazos no previenes.

(Dale un papel.)

Sancho   ¿Cúyo es éste?

Clarindo   De Estrella,
que estaba más que el Sol hermosa y bella,
cuando por la mañana
forma círculos de oro en leche y grana.
Mandóme que te diera
ese papel, y albricias te pidiera.

Sancho   ¿De qué?

Clarindo   Del casamiento,

             que se ha de efetüar luego al momento.

Sancho   Abrázame, Clarindo;
             que no he visto jamás hombre tan lindo.

(Lee el papel.)

Clarindo   Tengo, señor, buen rostro
             con buenas nuevas, pero fuera un monstruo
             si malas las trajera;
             que hermosea el placer de esta manera.
             No vi que hermoso fuese
             hombre jamás que deuda me pidiese,
             ni vi que feo hallase
             hombre jamás que deuda me pagase.
             ¡Los mortales deseos,
             que hacéis hermosos los que espantan feos,
             y feos, los hermosos!

Sancho   ¡Ay, renglones divinos y amorosos!
             Beberos quiero a besos,
             para dejaros en el alma impresos,
             donde, pues os adoro,
             más eternos seréis que plantas de oro.
             Abrázame, Clarindo;
             que no he visto jamás hombre tan lindo.

Clarindo   Soy como un alpargate.

Sancho   Leeréle otra vez, aunque me mate
             la impensada alegría.
             ¿Quién tal Estrella vio al nacer del día?
             ¿El hermoso lucero
             del alba es para mí ya el Sol? Espero

en los dorados rayos
en abismos de luz pintar dos mayos.

(Lee.)

«Esposo, ya ha llegado
el venturoso plazo deseado;
mi hermano va a buscarte,
solo por darme vida y por premiarte.
Si del tiempo te acuerdas,
búscale luego, y la ocasión no pierdas.
Tu Estrella.» ¡Ay, forma bella!
¿Qué bien no he de alcanzar con tal Estrella?
¡Ay, bulto soberano,
de este Pólux divino soy humano!

(A Clarindo.)

¡Vivas eternidades,
siendo a tus pies momentos las edades!
Si amares, en amores
trueques las esperanzas, en favores,
y en batallas y ofensas
siempre glorioso tus contrarios venzas
y no salgas vencido;
que ésta la suerte más dichosa ha sido.
Avisa al mayordomo
de la dichosa sujeción que tomo;
y que saque al momento
las libreas que están para este intento
en casa reservadas;
y saquen las cabezas coronadas
mis lacayos y pajes
de hermosas pesadumbres de plumajes.

                    Y si albricias codicias,
                    toma aqueste jacinto por albricias;
                    que el Sol también te diera,
                    cuando la piedra del anillo fuera.

Clarindo   ¡Vivas más que la piedra,
                    a tu esposa enlazado como yedra!
                    Y, pues tanto te precio,
                    ¡vivas, señor, más años que no un necio!

(Vase.)

Sancho   Buscar a Busto quiero;
                    que entre deseos y esperanzas muero.
                    ¡Cómo el amor porfía!
                    ¡Quién tal Estrella vio al nacer del día!
                    Mas con el nudo y gusto
                    me olvidaba del rey, y no era justo;
                    ya está el papel abierto
                    quiero saber quién ha de ser el muerto.

(Lee.)

                    «Al que muerte habéis de dar,
                    es, Sancho, a Busto Tavera.»
                    ¡Válgame Dios! ¡Que esto quiera!
                    ¡Tras una suerte un azar!
                    Toda esta vida es jugar
                    una carteta imperfecta,
                    mal barajada, y sujeta
                    a desdichas y a pesares;
                    que es toda en cientos y azares
                    como juego de carteta.
                        Pintada la suerte vi;

    mas luego se despintó,
    y el naipe se barajó
    para darme muerte a mí.
    Miraré si dice así,
    pero yo no lo leyera
    si el papel no lo dijera;
    quiérole otra vez mirar.

(Lee.)

    «Al que muerte habéis de dar,
    es, Sancho, a Busto Tavera.»
        Perdido soy. ¿Qué he de hacer?
    Que al rey la palabra he dado
    de matar a mi cuñado,
    y a su hermana he de perder.
    Sancho Ortiz, no puede ser.
    Viva Busto. Mas no es justo
    que al honor contraste el gusto;
    muera Busto, Busto muera.
    Mas deténte, mano fiera;
    viva Busto, viva Busto.
        Mas no puedo con mi honor
    cumplir, si a mi amor acudo;
    mas ¿quién resistirse pudo
    de la fuerza del amor?
    Morir me será mejor,
    o ausentarme, de manera
    que sirva al rey, y él no muera.
    Mas quiero al rey agradar.

(Lee.)

    «Al que muerte habéis de dar,

es, Sancho, a Busto Tavera.»
    ¡Oh, nunca yo me obligara
  a ejecutar el rigor
  del rey, y nunca el amor
  mis potencias contrastara!
  ¡Nunca yo a Estrella mirara,
  causa de tanto disgusto!
  Si servir al rey es justo,
  Busto muera, Busto muera;
  pero estraño rigor fuera
  viva Busto, viva Busto.
    ¿Si le mata por Estrella
  el rey, que servirla trata?
  Si por Estrella le mata,
  pues no muera aquí por ella.
  Ofendelle y defendella
  quiero. Mas soy caballero,
  y no he de hacer lo que quiero,
  sino lo que debo hacer.
  Pues que debo obedecer
  la ley que fuere primero.
    Mas no hay ley que a aquesto obligue
  mas sí hay; que, aunque injusto el rey,
  debo obedecer su ley,
  y a él, después, Dios le castigue.
  Mi loco amor se mitigue;
  que, aunque me cueste disgusto,
  acudir al rey es justo;
  Busto muera, Busto muera;
  que ya no hay quien decir quiera
  viva Busto, viva Busto.
    Perdóname, Estrella hermosa;
  que no es pequeño castigo
  perderte, y ser tu enemigo.

¿Qué he de hacer? ¿Puedo otra cosa?

(Sale Busto Tavera.)

Busto
Cuñado, suerte dichosa
he tenido en encontraros.

Sancho (Aparte.)
(Y yo desdicha en hallaros,
porque me buscáis aquí
para darme vida a mí;
pero yo, para mataros.)

Busto
Ya, hermano, el plazo llegó
de vuestras dichosas bodas.

Sancho (Aparte.)
(Más de mis desdichas todas
decirte pudiera yo.
¡Válgame Dios! ¿Quién se vio
jamás en tanto pesar?
¡Que aquí tengo de matar
al que más bien he querido.
¡Que a su hermana haya perdido!
¡Que con todo he de acabar!)

Busto
¿De esa suerte os suspendéis,
cuando a mi hermana os ofrezco?

Sancho
Como yo no la merezco
callo.

Busto
¿No la merecéis?
¿Callando me respondéis?
¿Qué dudáis, que estáis turbado
y con el rostro mudado

       miráis al suelo, y al cielo?
       Decid, ¿qué pálido hielo
       de silencio os ha bañado?
       ¿Por escrituras no estáis
       casado con doña Estrella?

Sancho   Casarme quise con ella,
       mas ya no, aunque me la dais.

Busto   ¿Conocéisme? ¿Así me habláis?

Sancho   Por conocernos, aquí
       os hablo, Tavera, así.

Busto   Si me conocéis Tavera,
       ¿cómo habláis de esa manera?

Sancho   Hablo, porque os conocí.

Busto   Habréis en mí conocido
       sangre, nobleza y valor,
       y virtud, que es el honor;
       que sin ella honor no ha habido;
       y estoy, Sancho Ortiz, corrido.

Sancho   Más lo estoy yo.

Busto   ¿Vos? ¿De qué?

Sancho   De hablaros.

Busto   Si en mi honra y fe
       algún defeto advertís,
       como villano mentís,

        y aquí os lo sustentaré.

(Meten mano.)

Sancho   ¿Qué has de sustentar, villano?
(Aparte.)   (Perdone amor; que el exceso
               del rey me ha quitado el seso,
               y es el resistirme en vano.)

Busto   Muerto soy; detén la mano.

Sancho   ¡Ay, que estoy fuera de mí,
               y sin sentido te herí!
               Mas aquí, hermano, te pido,
               ya que he cobrado el sentido,
               que tu me mates a mí.
               quede tu espada envainada
               en mi pecho; abre con ella
               puerta al alma.

Busto   A doña Estrella
               os dejo, hermano, encargada.
               Adiós.

(Muere.)

Sancho   Rigurosa espada,
               sangrienta y fiera homicida,
               si me has quitado la vida,
               acábame de matar,
               porque le pueda pagar
               el alma por otra herida.

(Salen [don Pedro y Farfán,] los alcaldes mayores.)

Pedro	¿Qué es esto? ¡Detén la mano!
Sancho	¿Cómo, si a mi vida he muerto?
Farfán	¿Hay tan grande desconcierto?
Pedro	¿Qué es esto?
Sancho	¡He muerto a mi hermano! Soy un Caín sevillano; que, vengativo y crüel, maté un inocente Abel. Veisle aquí, matadme aquí; que, pues él muere por mí, yo quiero morir por él.

(Sale don Arias.)

Arias	¿Qué es esto?
Sancho	Un fiero rigor; que tanto en los nobles labra una cumplida palabra, y un acrisolado honor. Decilde al rey mi señor, que tienen los Sevillanos las palabras en las manos, como lo veis, pues por ellas atropellan las Estrellas, y no hacen caso de hermanos.
Pedro	¡Dió muerte a Busto Tavera!

Arias	¡Hay tan temerario exceso!
Sancho	Prendedme, llevadme preso; que es bien que el que mata muera. Mirad qué hazaña tan fiera me hizo el Amor intentar, pues me ha obligado a matar, y me ha obligado a morir, pues por él vengo a pedir la muerte que él me ha de dar.
Pedro	Llevalde a Trïana preso, porque la ciudad se altera.
Sancho	Amigo Busto Tavera...
Farfán	Este hombre ha perdido el seso.
Sancho	Dejadme llevar en peso, señores, el cuerpo helado en noble sangre bañado; que así su Atlante seré, y entre tanto le daré la vida que le he quitado.
Pedro	Loco está.
Sancho	Yo, si atropello mi gusto, guardo la ley. Esto, señor, es ser rey, y esto, señor, es no sello. Entendello, y no entendello, importa, pues yo lo callo; yo lo maté, no hay negallo,

              mas el porqué no diré
              otro confiese el porqué,
              pues yo confieso el matallo.

(Llévanle, y vanse. Salen Estrella, y Teodora.)

Estrella   No sé si me vestí bien,
              como me vestí de prisa;
              dame, Teodora, el espejo.

Teodora   Verte, señora, en ti misma
              puedes; que no hay cristal
              que tantas verdades diga,
              ni de hermosura tan grande
              haga verdadera cifra.

Estrella   Alterado tengo el rostro,
              y la color encendida.

Teodora   Es, señora, que la sangre
              se ha asomado a las mejillas,
              entre temor y vergüenza,
              solo a celebrar tus dichas.

Estrella   Ya me parece que llega,
              bañado el rostro de risa,
              mi esposo a darme la mano
              entre mil tiernas caricias.
              Ya me parece que dice
              mil ternezas, y que, oídas,
              sale el alma por los ojos,
              desestimando sus niñas.
              ¡Ay, venturoso día!
              ésta, Teodora, ha sido estrella mía.

Teodora	Parece que suena gente.
	Todo el espejo, de envidia,
	el cristal, dentro la hoja,
	de una Luna hizo infinitas.
Estrella	¿Quebróse?
Teodora	Señora, sí.
Estrella	Bien hizo, porque imagina
	que aguardo el cristal, Teodora,
	en que mis ojos se miran.
	Y pues tal espejo aguardo,
	quiébrese el espejo, amiga;
	que no quiero que con él
	éste de espejo me sirva.

(Sale Clarindo, muy galán.)

Clarindo	Ya, señora, aquesto suena
	a gusto y volatería;
	que las plumas del sombrero
	los casamientos publican.
	¿No vengo galán? ¿No vengo
	como Dios hizo una guinda,
	hecho un jarao por de fuera,
	y por de dentro una pipa?
	A mi dueño di el papel,
	y dióme aquesta sortija
	en albricias.
Estrella	Pues yo quiero
	feriarte aquesas albricias;

	dámela, y toma por ella
	este diamante.
Clarindo	Partida
	está por medio la piedra.
	Será de melancolía;
	que, los jacintos padecen
	de ese mal, aunque le quitan;
	partida por medio está.
Estrella	No importa que esté partida;
	que es bien que las piedras
	sientan mis contentos y alegrías.
	¡Ay, venturoso día!
	ésta, amigos, ha sido estrella mía.
Teodora	Gran tropel suena en los patios.
Clarindo	Y ya el escalera arriba
	parece que sube gente.
Estrella	¿Qué valor hay que resista
	el placer? Pero, ¿qué es esto?

(Salen los [don Pedro y Farfán,] los alcaldes mayores con Busto, muerto.)

Pedro	Los desastres y desdichas
	se hicieron para los hombres;
	que es mar de llanto esta vida.
	El señor Busto Tavera
	es muerto, y sus plantas pisan
	ramos de estrellas —el cielo
	lisonjea argentería—.
	El consuelo que aquí os queda

	es que está el fiero homicida,
	Sancho Ortiz de las Roelas,
	preso, y dél se hará justicia
	mañana sin falta.
Estrella	¡Ay, Dios!
	Dejadme, gente enemiga;
	que en vuestras lenguas traéis
	de los infiernos las iras.
	¡Mi hermano es muerto, y le ha muerto
	Sancho Ortiz! Y ¿hay quien lo diga,
	y hay quien lo escuche, y no muera?
	Piedra soy, pues estoy viva.
	¡Ay, riguroso día!
	ésta, amigos, ha sido estrella mía.
	¿No hay cuchillos? ¿No hay espadas?
	¿No hay cordel? ¿No hay encendidas
	brasas? ¿No hay áspides fieros,
	muertes de reinas egipcias?
	Pero si hay piedad humana,
	matadme.
Pedro	El dolor la priva
	de la razón.
Estrella	¡Desdichada
	ha sido la estrella mía!
	¡Mi hermano es muerto, y le ha muerto
	Sancho Ortiz! ¿él, quien divida
	tres almas de un corazón?
	Dejadme; que estoy perdida.
Pedro	Ella está desesperada.

Farfán	Infeliz beldad!
(Vase.)	
Pedro	Seguilda.
(Vase.)	
Clarindo	Señora...
(Vase.)	
Estrella	Déjame, ingrato, sangre de aquel fratricida. Y pues acabo con todo, quiero acabar con la vida. ¡Ay, riguroso día! Ésta, Tcodora, ha sido estrella mia.

Fin de la segunda jornada

Jornada tercera

(Salen el Rey, [don Pedro y Farfán,] los Alcaides mayores y don Farfán.)

Pedro
    Confiesa que le mató,
    mas no confiesa por qué.

Rey
    ¿No dice qué le obligó?

Farfán
    Solo responde, «No sé»,
    y es gran confusión un no.

Rey
    ¿Dice si le dio ocasión?

Pedro
    Señor, de ninguna suerte.

Farfán
    ¡Temeraria confusión!

Pedro
    Dice que le dio la muerte;
    no sabe si es con razón.

Farfán
    Solo confiesa matarle
    porque matalle juró.

Arias
    Ocasión debió de darle.

Pedro
    Dice que no se la dio.

Rey
    Volved de mi parte a hablarle;
    y decilde que yo digo
    que luego el descargo dé;
    y decid que soy su amigo,
    y su enemigo seré
    en el rigor y castigo.

      Declare por qué ocasión
dió muerte a Busto Tavera,
y en sumaria información,
antes que de necio muera,
dé del delito razón.
      Diga quién se lo mandó,
y por quién le dio la muerte,
o qué ocasión le movió
a hacerlo; que, de esta suerte,
oiré su descargo yo;
      o que a morir se aperciba.

Pedro   Eso es lo que más desea;
el sentimiento le priva,
viendo una hazaña tan fea,
tan avara, y tan esquiva,
      del jüicio.

Rey   ¿Y no se queja
de ninguno?

Farfán   No, señor;
con su pesar se aconseja.

Rey   ¡Notable y raro valor!

Farfán   Los cargos ajenos deja,
y a sí se culpa, no más.

Rey   No se habrá visto en el mundo
tales dos hombres jamás;
cuando su valor confundo,
me van apurando más.
      Id, y haced, Alcaldes, luego,

  que haga la declaración,
y habrá en la Corte sosiego.
Id, vos, con esta ocasión,
don Arias, a ese hombre ciego.
 De mi parte le decid
que diga por quién le dió
la muerte; y le persuadid
que declare, aunque sea yo,
el culpado; y prevenid,
 si no confiesa, al momento
el teatro en que mañana
le dé a Sevilla escarmiento.

Arias   Ya voy.

(Vanse los alcaldes, y don Arias, sale don Manuel.)

Manuel   La gallarda hermana,
con grande acompañamiento,
 de Busto Tavera, pide
para besaros las manos
licencia.

Rey   ¿Quién se lo impide?

Manuel   Gran señor, los ciudadanos.

Rey   Bien con la razón se mide!
Dadme una silla, y dejad
que entre ahora.

Manuel   Voy por ella.

(Vase.)

Rey	Vendrá vertiendo beldad, como en el cielo la estrella sale tras la tempestad.

(Sale don Manuel, Estrella, y gente.)

Manuel	Ya está aquí.
Rey	No por abril parece así su arrebol el Sol gallardo y gentil, aunque por verano el Sol vierte rayos de marfil.
Estrella	Cristianísimo don Sancho, de Castilla rey ilustre, por las hazañas notable, heroico por las virtudes, una desdichada Estrella, que sus claros rayos cubre de este luto, que mi llanto lo ha sacado en negras nubes, justicia a pedirte vengo, mas no que tú la ejecutes, sino que en mi arbitrio dejes que mi venganza se funde. Estrella de mayo fui, cuando más flores produce; y agora en estraño llanto ya soy Estrella de otubre. No doy lugar a mis ojos que mis lágrimas enjuguen, porque anegándose en ellas

mi sentimiento no culpen.
Quise a Tavera mi hermano,
que sus sacras pesadumbres
ocupa pisando estrellas
en pavimentos azules;
como hermano me amparó,
y como a padre le tuve
la obediencia, y el respeto
en sus mandamientos puse.
Vivía con él contenta,
sin dejar que el Sol injurie;
que aun rayos del Sol no eran
a mis ventanas comunes.
Nuestra hermandad envidiaba
Sevilla, y todos presumen
que éramos los dos hermanos
que a una estrella se reducen.
Un tirano cazador
hace que el arco ejecute
el fiero golpe en mi hermano,
y nuestras glorias confunde.
Perdí hermano, perdí esposo;
sola he quedado, y no acudes
a la obligación de rey,
sin que nadie te disculpe.
Hazme justicia, señor.
Dame el homicida; cumple
con tu obligación en esto;
déjame que yo le juzgue.
Entrégamele, ansí reines
mil edades, ansí triunfes
de las lunas que te ocupan
los términos andaluces,
porque Sevilla te alabe,

        sin que su gente te adule,
        en los bronces inmortales
        que ya los tiempos te bruñen.

Rey   Sosegaos, y enjugad las luces bellas
        si no queréis que se arda mi palacio;
        que, en lágrimas, del Sol son las estrellas,
        si cada rayo suyo es un topacio;
        recoja el alba su tesoro en ellas,
        si el Sol recién nacido le da espacio;
        y dejad que los cielos las codicien;
        que no es razón que aquí se desperdicien.
        Tomad esta sortija, y en Triana
        allanad el castillo con sus señas;
        pónganlo en vuestras manos, sed tirana
        fiera con él de las hircanas peñas,
        aunque a piedad, y compasión villana,
        nos enseñan volando las cigüeñas;
        que es bien que sean, porque más asombre,
        aves, y fieras, confusión del hombre.
        Vuestro hermano murió; quien le dio muerte
        dicen que es Sancho Ortiz; vengaos vos della;
        y aunque él muriese así de aquesa suerte,
        vos la culpa tenéis por ser tan bella.
        Si es la mujer el animal más fuerte,
        mujer, Estrella, sois, y sois Estrella;
        vos vencéis, que inclináis, y con venceros
          competencia tendréis con dos luceros.

Estrella   ¿Qué ocasión dio, gran señor, mi hermosura
        en la inocente muerte de mi hermano?
        ¿He dado yo la causa, por ventura
        o con deseo, a propósito liviano?
        ¿Ha visto alguno en mí desenvoltura,

	algún inútil pensamiento vano?
Rey	Es ser hermosa, en la mujer, tan fuerte, que, sin dar ocasión, da al mundo muerte. Vos quedáis sin matar, porque en vos mata la parte que os dio el cielo, la belleza; se ofende mucho con vos cuando, ingrata y emulación mortal naturaleza, no avarientas las perlas, ni la plata, y un oro que hace un mar vuestra cabeza, para vos reservéis; que no es justicia.
Estrella	Aquí, señor, virtud es avaricia; que, si en mí plata hubiera y oro hubiera, de mi cabeza luego le arrancara, y el rostro con fealdad oscureciera, aunque en brasas ardientes le abrasara. Si un Tavera murió, quedó un Tavera; y si su deshonor está en mi cara, yo le pondré de suerte con mis manos, que espanto sea entre los más tiranos.
(Vase.)	
Rey (Aparte.)	(Si a Sancho Ortiz le entregan, imagino que con su misma mano ha de matalle. ¿Que en vaso tan perfecto y peregrino permite Dios que la fiereza se halle? ¡Ved lo que intenta un necio desatino! Yo incité a Sancho Ortiz. Voy a libralle; que amor que pisa púrpura de reyes, a su gusto, no más, promulga leyes.)

(Vanse y salen Sancho, Clarindo, y Músicos.)

Sancho	¿Algunos versos, Clarindo, no has escrito a mi suceso?
Clarindo	¿Quién, señor, ha de escribir, teniendo tan poco premio? A las fiestas de la Plaza muchos me pidieron versos, y, viéndome por las calles, como si fuera maestro de cortar o de coser, me decían, «¿No está hecho aquel recado?» y me daban más priesa que un rompimiento. Y cuando escritas llevaba las instancias, muy compuestos decían, «Buenas están; yo, Clarindo, lo agradezco». Y, sin pagarme la hechura me enviaban boquiseco. No quiero escribir a nadie, ni ser tercero de necios; que los versos son cansados cuando no tienen provecho. Tomen la pluma los cultos, después de cuarenta huevos sorbidos, y versos pollos saquen a luz de otros dueños; que yo por comer escribo, si escriben comidos ellos. Y si qué comer tuviera, excediera en el silencio a Anajágoras, y burla de los latinos y griegos

                    ingenios hiciera.

(Salen [don Pedro y Farfán] los alcaldes mayores, y don Arias.)

Pedro   Entrad.

Clarindo   Que vienen, señor, sospecho,
                    éstos a notificarte
                    la sentencia.

(A los músicos.)

Sancho   Pues de presto
                    decid vosotros un tono.
(Aparte.)   (Agora sí que deseo
                    morir, y quiero cantando
                    dar muestras de mi contento;
                    fuera de que quiero darles
                    a entender mi heroico pecho,
                    y que aun la muerte no puede
                    en él obligarme a menos.)

Clarindo   ¡Notable gentilidad!
                    ¿Qué más hiciera un tudesco,
                    llena el alma de lagañas
                    de pipotes de lo añejo,
                    de Monturque y de Lucena,
                    santos y benditos pueblos?

(Cantan.)

Músicos   «Si consiste en el vivir
                    mi triste y confusa suerte,
                    lo que se alarga la muerte

	eso se alarga el morir.»
Clarindo	¡Gallardo mote han cantado!
Sancho	A propósito discreto.

(Cantan.)

Músicos	«No hay vida como la muerte, para el que vive muriendo.»
Pedro	¿Agora es tiempo, señor, de música?
Sancho	Pues ¿qué tiempo de mayor descanso pueden tener en su mal los presos?
Farfán	Cuando la muerte por horas le amenaza, y por momentos la sentencia está aguardando del fulminado proceso, ¿con música se entretiene?
Sancho	Soy cisne, y la muerte espero cantando.
Farfán	Ha llegado el plazo.
Sancho	Las manos y pies os beso por las nuevas que me dais. ¡Dulce día!

(A los Músicos.)

           Solo tengo,
     amigos, esta sortija,
     pobre prisión de mis dedos.
     Repartilda; que en albricias
     os la doy; y mis contentos
     publicad con la canción
     que a mi propósito han hecho.

(Cantan.)

Músicos   «Si consiste en el vivir
     mi triste y confusa suerte,
     lo que se alarga la muerte,
     eso se alarga el morir.»

Sancho   Pues si la muerte se alarga
     lo que la vida entretengo,
     y está en la muerte la vida,
     con justicia la celebro.

Pedro   Sancho Ortiz de las Roelas,
     ¿vos confesáis que habéis muerto
     a Busto Tavera?

Sancho   Sí,
     y aquí a voces lo confieso.
     Yo le di muerte, señores,
     al más noble caballero
     que trujo arnés, ciñó espada,
     lanza empuñó, enlazó yelmo.
     Las leyes del amistad,
     guardadas con lazo eterno,
     rompí, cuando él me ofreció

                  sus estrellados luceros.
Buscad bárbaros castigos,
inventad nuevos tormentos,
porque en España se olviden
de Fálaris y Magencio.

Farfán   Pues ¿sin daros ocasión
le matasteis?

Sancho   Yo le he muerto;
esto confieso, y la causa
no la sé, y causa tengo,
y es de callaros la causa;
pues tan callada la tengo,
si hay alguno que lo sepa,
dígalo; que yo no entiendo
por qué murió; solo sé
que le maté sin saberlo.

Pedro   Pues parece alevosía
matarle sin causa.

Sancho   Es cierto
que la dio, pues que murió.

Pedro   ¿A quién la dio?

Sancho   A quien me ha puesto
en el estado en que estoy,
que es en el último estremo.

Pedro   ¿Quién es?

Sancho   No puedo decirlo,

	porque me encargó el secreto;
	que, como rey en las obras,
	he de serlo en el silencio.
	Y para matarme a mí,
	basta saber que le he muerto,
	sin preguntarme el porqué.
Arias	Señor Sancho Ortiz, yo vengo
	aquí en nombre de Su Alteza
	a pediros que a su ruego
	confeséis quién es la causa
	de este loco desconcierto.
	Si lo hicisteis por amigos,
	por mujeres, o por deudos,
	o por algún poderoso
	y grande de aqueste reino;
	y si tenéis de su mano papel,
	resguardo, o concierto,
	escrito o firmado, al punto
	lo manifestéis, haciendo
	lo que debéis.
Sancho	Si lo hago,
	no haré, señor, lo que debo.
	Decilde a Su Alteza, amigo,
	que cumplo lo que prometo;
	y si él es don Sancho el Bravo,
	yo ese mismo nombre tengo.
	Decilde que bien pudiera
	tener papel; mas me afrento
	de que papeles me pida,
	habiendo visto romperlos.
	Yo maté a Busto Tavera;
	y, aunque aquí librarme puedo,

                    no quiero, por entender
                    que alguna palabra ofendo.
                    Rey soy en cumplir la mía,
                    y lo prometido he hecho;
                    y quien promete, también
                    es razón haga lo mesmo.
                    Haga quien se obliga hablando,
                    pues yo me he obligado haciendo;
                    que, si al callar llaman Sancho,
                    yo soy Sancho, y callar quiero.
                    Esto a Su Alteza decid;
                    y decilde que es mi intento
                    que conozca que en Sevilla
                    también ser reyes sabemos.

Arias   Si en vuestra boca tenéis
                    el descargo, es desconcierto
                    negarlo.

Sancho   Yo soy quien soy,
                    y siendo quien soy, me venzo
                    a mí mismo con callar,
                    y a alguno que calla afrento;
                    quien es quien es, haga obrando
                    como quien es, y con esto,
                    de aquesta suerte, los dos
                    como quien somos haremos.

Arias   Eso le diré a Su Alteza.

Pedro   Vos, Sancho Ortiz, habéis hecho
                    un caso muy mal pensado,
                    y anduvistis poco cuerdo.

| Farfán | Al Cabildo de Sevilla
habéis ofendido, y puesto
a su rigor vuestra vida,
y en su furor vuestro cuello. |

(Vase.)

| Pedro | Matasteis a un Regidor
sin culpa, al cielo ofendiendo.
Sevilla castigará
tan locos atrevimientos. |

(Vase.)

| Arias | Y al rey, que es justo, y es santo.
¡Raro valor! ¡Bravo esfuerzo! |

(Vase.)

| Clarindo | ¿Es posible que consientas
tantas injurias? |

| Sancho | Consiento
que me castiguen los hombres,
y que me confunda el cielo;
y ya, Clarindo, comienza.
¿No oyes un confuso estruendo?
Braman los aires, armados
de relámpagos y truenos.
Uno baja sobre mí
como culebra, esparciendo
círculos de fuego apriesa. |

| Clarindo (Aparte.) | (Pienso que ha perdido el seso; |

	quiero seguirle el humor.)
Sancho	¡Que me abraso!
Clarindo	¡Que me quemo!
Sancho	¿Cogióte el rayo también?
Clarindo	¿No me ves cenizas hecho?
Sancho	¡Válgame Dios!
Clarindo	Sí, señor, ceniza soy de sarmientos.
Sancho	Dame una poca, Clarindo, para que diga «memento».
Clarindo	Y ¿a ti no te ha herido el rayo?
Sancho	¿No me ves, Clarindo, vuelto, como la mujer de Lot, en piedra sal?
Clarindo	Quiero verlo.
Sancho	Tócame.
Clarindo	Duro y salado estás.
Sancho	¿No lo he de estar, necio, si soy piedra sal aquí?

Clarindo	Así te gastarás menos; mas si eres ya piedra sal, di, ¿cómo hablas?
Sancho	Porque tengo el alma ya encarcelada en el infierno del cuerpo. Y tú, si eres ya ceniza, ¿cómo hablas?
Clarindo	Soy un brasero, donde entre cenizas pardas el alma es tizón cubierto.
Sancho	¿Alma tizón tienes? Malo.
Clarindo	Antes, señor, no es muy bueno.
Sancho	Ya estamos en la otra vida.
Clarindo	Y pienso que en el infierno.
Sancho	¿En el infierno, Clarindo? ¿En qué lo ves?
Clarindo	En que veo, señor, en aquel castillo más de mil sastres mintiendo.
Sancho	Bien dices que en él estamos; que la Soberbia está ardiendo sobre esa torre, formada de arrogantes y soberbios. Allí veo a la Ambición

	tragando abismos de fuego.
Clarindo	Y más adelante está una legión de cocheros.
Sancho	Si andan coches por acá, ya destruirán al infierno; pero si el infierno es, ¿cómo escribanos no vemos?
Clarindo	No los quieren recibir, porque acá no inventen pleitos,
Sancho	Pues si en él pleitos no hay, bueno es el infierno.
Clarindo	Bueno.
Sancho	¿Qué son aquéllos?
Clarindo	Tahures sobre una mesa de fuego.
Sancho	Y aquéllos ¿qué son?
Clarindo	Demonios, que los llevan, señor, presos.
Sancho	¿No les basta ser demonios, sino soplones? ¿Qué es esto?
Clarindo	Voces de dos mal casados que se están pidiendo celos.

Sancho	Infierno es ése dos veces, acá y allá padeciendo. ¡Bravo penar, fuerte yugo! Lástima, por Dios, les tengo. ¿De qué te ríes?
Clarindo	De ver a un espantado hacer gestos, señor, a aquellos demonios, porque le han ajado el cuello y cortado las melenas.
Sancho	Ése es notable tormento; sentirálo mucho.
Clarindo	Allí la Necesidad, haciendo cara de hereje, da voces.
Sancho	Acá y allá padeciendo, pobre mujer, disculpados habían de estar sus yerros, porque la Necesidad tiene disculpa en hacerlos, y no te espantes, Clarindo.
Clarindo	¡Válgame Dios! Saber quiero quién es aquél de la pluma.
Sancho	Aquél, Clarindo, es Homero, y aquél, Virgilio, a quien Dido la lengua le cortó, en premio del testimonio y mentira que le levantó. Aquel viejo

	es Horacio, aquél, Lucano y aquél, Ovidio.
Clarindo	No veo, señor, entre estos poetas ninguno de nuestros tiempos no veo ahora ninguno de los sevillanos nuestros.
Sancho	Si son los mismos demonios, dime, ¿cómo puedes verlos? que allá en forma de poetas andan dándonos tormentos.
Clarindo	¿Demonios poetas son? Por Dios, señor, que lo creo; que aquel demonio de allí, arrogante y corninegro, a un poeta amigo mío se parece, pero es lego; que los demonios son sabios, mas éste será mostrenco. Allí está el tirano Honor, cargado de muchos necios que por la honra padecen.
Sancho	Quiérome juntar con ellos. Honor, un necio y honrado viene a ser crïado vuestro, por no exceder vuestras leyes. Mal, amigo, lo habéis hecho, porque el verdadero honor consiste ya en no tenerlo. ¡A mí me buscáis allá,

y ha mil siglos que estoy muerto!
Dinero, amigo, buscad;
que el honor es el dinero.
¿Qué hicisteis? Quise cumplir
una palabra. R̈iendo
me estoy; ¿palabras cumplís?
Parecéisme majadero;
que es ya el no cumplir palabras
bizarría en este tiempo.
Prometí matar a un hombre,
y le maté airado, siendo
mi mayor amigo. Malo.

Clarindo	¿No es muy bueno?

Sancho	No es muy bueno.
Metelde en un calabozo,
y condénese por necio.
Honor, su hermana perdí,
y ya en su hacienda padezco.
No importa.

Clarindo (Aparte.)	(¡Válgame Dios!
Si más proseguir le dejo,
ha de perder el jüicio;
inventar quiero un enredo.)

(Da voces.)

Sancho	¿Quién da voces? ¿Quién da voces?

Clarindo	Da voces el Cancerbero,
portero de este palacio.
¿No me conocéis?

Sancho   Sospecho
que sí.

Clarindo   Y vos ¿quién sois?

Sancho   ¿Yo?
Un honrado.

Clarindo   ¿Y acá dentro
estáis? Salid, noramala.

Sancho   ¿Qué decís?

Clarindo   Salid de presto;
que este lugar no es de honrado.
Asilde, llevalde preso
al otro mundo, a la cárcel
de Sevilla por el viento.
¿Cómo? Tapados los ojos,
para que vuele sin miedo.
Ya está tapado. En sus hombros
al punto el Diablo Cojuelo
allá le ponga de un salto.
¿De un salto? Yo estoy contento.
Camina, y lleva también
de la mano al compañero.

(Da una vuelta, y déjale.)

        Ya estáis en el mundo, amigo.
        Quedaos a Dios. Con Dios quedo.

Sancho   ¿A Dios dijo?

Clarindo   Sí, señor;
que este demonio, primero
que lo fuese, fue cristiano,
y bautizado, y Gallego
en Cal de Francos.

Sancho (Aparte.)   Parece
que de un éxtasis recuerdo.
(¡Válgame Dios! ¡Ay, Estrella,
qué desdichada la tengo
sin vos! Mas si yo os perdí,
este castigo merezco.)

(Salen el Alcaide, y Estrella, con manto.)

Estrella   Luego el preso me entregad.

Alcaide   Aquí está, señora, el preso;
y, como lo manda el rey,
en vuestras manos le entrego.
Señor Sancho Ortiz, Su Alteza
nos manda que le entreguemos
a esta señora.

(Vase.)

Estrella   Señor,
venid conmigo.

Sancho   Agradezco
la piedad si es a matarme,
porque la muerte deseo.

Estrella	Dadme la mano, y venid.
Clarindo	¿No parece encantamento?
Estrella	Nadie nos sigue.
Clarindo (Aparte.)	Está bien. (¡Por Dios, que andamos muy buenos, desde el infierno a Sevilla, y de Sevilla al infierno!) Plegue a Dios que aquesta Estrella se nos vuelva ya un lucero.

(Vase.)

Estrella	Ya os he puesto en libertad. Idos, Sancho Ortiz, con Dios, y advertid que uso con vos de clemencia y de piedad; Idos con Dios, acabad. Libre estáis. ¿Qué os detenéis? ¿Qué miráis? ¿Qué os suspendéis? Tiempo pierde el que se tarda. Id; que el caballo os aguarda en que escaparos podéis. Dineros tiene el crïado para el camino.
Sancho	Señora, dadme esos pies.
Estrella	Id; que ahora no es tiempo.

Sancho	Voy con cuidado. Sepa yo quién me ha librado, porque sepa agradecer tal merced.
Estrella	Una mujer, vuestra aficionada, soy, que la libertad os doy, teniéndola en mi poder. Id con Dios.
Sancho	No he de pasar de aquí, si no me decís quién sois o no os descubrís.
Estrella	No me da el tiempo lugar.
Sancho	La vida os quiero pagar, y la libertad también yo he de conocer a quién tanta obligación le debo, para pagar lo que debo, reconociendo este bien.
Estrella	Una mujer principal soy, y, si más lo pondero, la mujer que más os quiero, y a quien vos queréis más mal. Id con Dios.
Sancho	Yo no haré tal, si no os descubrís ahora.
Estrella	Porque os vais, yo soy.

(Descúbrese.)

Sancho
¡Señora!
¡Estrella del alma mía!

Estrella
Estrella soy que te guía,
de tu vida, precursora.
Véte; que amor atropella
la fuerza así del rigor,
que, como te tengo amor,
te soy favorable Estrella.

Sancho
¡Tú, resplandeciente y bella
con el mayor enemigo!
¡Tú, tanta piedad conmigo!
Trátame con más crueldad;
que aquí es rigor la piedad,
porque es piedad el castigo.
Haz que la muerte me den;
no quieras, tan liberal,
con el bien hacerme mal,
cuando está en mi mal el bien.
¡Darle libertad a quien
muerte a su hermano le dio!
No es justo que viva yo,
pues él padeció por mí;
que es bien que te pierda así
quien tal amigo perdió.
En libertad de esta suerte,
me entrego a la muerte fiera,
porque si preso estuviera,
¿qué hacía en pedir la muerte?

Estrella	Mi amor es más firme y fuerte, y así la vida te doy.
Sancho	Pues yo a la muerte me voy, puesto que librarme quieres; que, si haces como quien eres, yo he de hacer como quien soy.
Estrella	¿Por qué mueres?
Sancho	Por vengarte.
Estrella	¿De qué?
Sancho	De mi alevosía.
Estrella	Es crueldad.
Sancho	Es valentía.
Estrella	Ya no hay parte.
Sancho	Amor es parte.
Estrella	Es ofenderme.
Sancho	Es amarte.
Estrella	¿Cómo me amas?
Sancho	Muriendo.
Estrella	Antes me ofendes.

Sancho	Viviendo.
Estrella	Óyeme.
Sancho	No hay qué decir.
Estrella	¿Dónde vas?
Sancho	Voy a morir, pues con la vida te ofendo.
Estrella	Vete, y déjame.
Sancho	No es bien.
Estrella	Vive, y líbrate.
Sancho	No es justo.
Estrella	¿Por quién mueres?
Sancho	Por mi gusto.
Estrella	Es crueldad.
Sancho	Honor también.
Estrella	¿Quién te acusa?
Sancho	Tu desdén.
Estrella	No lo tengo.
Sancho	Piedra soy.

Estrella ¿Estás en ti?

Sancho En mi honra estoy,
y te ofendo con vivir.

Estrella Pues vete, loco, a morir;
que a morir también me voy.

(Vanse cada uno por su puerta. Salen el Rey y don Arias.)

Rey ¿Que no quiera confesar
que yo mandé darle muerte?

Arias No he visto bronce más fuerte;
todo su intento es negar.
Dijo al fin que él ha cumplido
su obligación, y que es bien
que cumpla la suya quien
le obligó con prometido.

Rey Callando quiere vencerme.

Arias Y aun te tiene convencido.

Rey Él cumplió lo prometido;
en confusión vengo a verme
por no poderle cumplir
la palabra que enojado
le dí.

Arias Palabra que has dado
no se puede resistir,
porque, si debe cumplilla

	un hombre ordinario, un rey
	la hace entre sus labios ley,
	y a la ley todo se humilla.
Rey	Es verdad, cuando se mide
	con la natural razón
	la ley.
Arias	Es obligación.
	El vasallo no la pide
	al rey. Solo ejecutar,
	sin verlo y averiguallo,
	debe la ley el vasallo,
	y el rey debe consultar.
	Tú esta vez la promulgaste
	en un papel, y, pues él
	la ejecutó sin papel,
	a cumplilla te obligaste
	la ley que hiciste en mandarle
	matar a Busto Tavera;
	que, si por tu ley no fuera,
	él no viniera a matarle.
Rey	Pues ¿he de decir que yo
	darle la muerte mandé,
	y que tal crueldad usé
	con quien jamás me ofendió?
	El Cabildo de Sevilla,
	viendo que la causa fuí,
	Arias, ¿qué dirá de mí?
	Y ¿qué se dirá en Castilla,
	cuando don Alonso en ella
	me está llamando tirano,
	y el Pontífice romano

con censuras me atropella?
La parte de mi sobrino
vendrá a esforzar por ventura,
y su amparo la asegura.
Falso mi intento imagino
también, si dejo morir
a Sancho Ortiz. Es bajeza.
¿Qué he de hacer?

Arias
Puede Tu Alteza
con halagos persuadir
a los Alcaldes Mayores,
y pedilles con destierro
castiguen su culpa y yerro,
atropellando rigores.
Pague Sancho Ortiz; así
vuelves, gran señor, por él,
y, ceñido de laurel,
premiado queda de ti.
puedes hacerle, señor,
general de una frontera.

Rey
Bien dices; pero si hubiera
ejecutado el rigor
con él doña Estrella ya,
a quien mi anillo le di,
¿cómo lo haremos aquí?

Arias
Todo se remediará,
y en tu nombre iré a prendella
por causa que te ha movido;
y, sin gente y sin rüido,
traeré yo al Alcázar a Estrella.
Aquí la persuadirás

	a tu intento, y, porque importe, con un grande de la Corte casarla, señor, podrás; que su virtud y nobleza merece un alto marido.
Rey	¡Cómo estoy arrepentido, don Arias, de mi flaqueza! Bien dice un sabio, que aquél era sabio solamente que era en la ocasión prudente, como en la ocasión crüel. Ve luego a prender a Estrella, pues de tanta confusión me sacas con su prisión; que pienso casar con ella, para venirla a aplacar, un ricohome de Castilla; y a poderla dar mi silla, la pusiera en mi lugar; que tal hermano y hermana piden inmortalidad.
Arias	La gente de esta ciudad oscurecen la romana.

(Vase don Arias y Sale el Alcaide.)

Alcaide	Déme los pies Vuestra Alteza.
Rey	Pedro de Cáus, ¿qué causa os trae a mis pies?
Alcaide	Señor,

	este anillo con sus armas
	¿no es de Vuestra Alteza?
Rey	Sí.
	éste es privilegio y salva
	de cualquier crimen que hayáis
	cometido.
Alcaide	Fue a Triana,
	invicto señor, con él
	una mujer muy tapada,
	diciendo que Vuestra Alteza,
	que le entregara, mandaba
	a Sancho Ortiz. Consultéle
	tu mandato con las guardas,
	y el anillo juntamente,
	y todos que le entregara
	me dijeron; dile luego,
	pero, en muy poca distancia,
	Sancho Ortiz, dando mil voces,
	pide que las puertas abra
	del castillo, como loco.
	«No he de hacer lo que el rey manda»
	decía, y «Quiero morir;
	que es bien que muera quien mata».
	La entrada le resistí,
	pero, como voces tantas
	daba, fue el abrirle fuerza
	entró, donde alegre aguarda
	la muerte.
Rey	No he visto gente
	más gentil ni más cristiana
	que la de esta ciudad: callen

       bronces, mármoles, y estatuas.

Alcaide   La mujer dice, señor,
       que la libertad le daba
       y que él no quiso admitirla
       por saber que era la hermana
       de Busto Tavera, a quien
       dio la muerte.

Rey   Más me espanta
       lo que me decís agora.
       En sus grandezas agravian
       la mesma naturaleza
       ella, cuando más ingrata
       había de ser, le perdona,
       le libra; y él, por pagarla
       el ánimo generoso,
       se volvió a morir. Si pasan
       más adelante sus hechos,
       dé la vida a eternas planchas.
       Vos, Pedro de Caus, traedme
       con gran secreto al Alcázar
       a Sancho Ortiz en mi coche,
       escusando estruendo y guardas.

Alcaide   Yo voy a servirte.

(Vase y sale en Criado.)

Criado   Aquí
       ver a Vuestra Alteza aguardan
       sus dos Alcaldes Mayores.

Rey   Decid que entren con sus varas.

(Vase el Criado.)

    Yo, si puedo, a Sancho Ortiz
    he de cumplir la palabra,
    sin que mi rigor se entienda.

(Salen [don Pedro y Farfán,] los dos alcaldes mayores.)

Pedro   Ya, gran señor, sustanciada
    la culpa, pide el proceso
    la sentencia.

Rey   Sustanciadla;
    solo os pido que miréis,
    pues sois padres de la patria,
    su justicia; y la clemencia
    muchas veces la aventaja.
    Regidor es de Sevilla
    Sancho Ortiz, si es el que falta
    Regidor; uno piedad
    pide, si el otro venganza.

Farfán   Alcaldes Mayores somos
    de Sevilla, y hoy nos cargan
    en nuestros hombros, señor,
    su honor y su confïanza.
    Estas varas representan
    a Vuestra Alteza; y, si tratan
    mal vuestra planta divina,
    ofenden a vuestra estampa.
    Derechas miran a Dios;
    y, si se doblan y bajan,
    miran al hombre, y del cielo,

                    en torciéndose, se apartan.

Rey   No digo que las torzáis,
                 sino que equidad se haga
                 en la justicia.

Pedro   Señor,
                 la causa de nuestras causas
                 es Vuestra Alteza. En su fiat
                 penden nuestras esperanzas.
                 Dalde la vida, y no muera,
                 pues nadie en los reyes manda;
                 Dios manda en los reyes;
                 Dios de los Saúles traslada
                 en los humildes Davides
                 las coronas soberanas.

Rey   Entrad, y ved la sentencia,
                 qué da por disculpa, y salga
                 al suplicio Sancho Ortiz
                 como las leyes lo tratan.
                 Vos, don Pedro de Guzmán,
                 escuchadme una palabra
                 aquí aparte.

(Vase Farfán.)

Pedro   Pues, ¿qué es
                 lo que Vuestra Alteza manda?

Rey   Dando muerte a Sancho Ortiz,
                 don Pedro, no se restaura
                 la vida al muerto; y querría,
                 evitando la desgracia

                        mayor, que le desterremos
                        a Gibraltar, o a Granada,
                        donde en mi servicio tenga
                        una muerte voluntaria.
                        ¿Qué decís?

Pedro   Que soy don Pedro
                        de Guzmán, y a vuestras plantas
                        me tenéis; vuestra es mi vida,
                        vuestra es mi hacienda, y espada,
                        y ansí serviros prometo
                        como el menor de mi casa.

Rey   Dadme esos brazos, don Pedro
                        de Guzmán; que no esperaba
                        yo menos de un pecho noble.
                        Id con Dios: haced que salga
                        luego Farfán de Ribera.

(Vase don Pedro.)

(Aparte.)   (Montes la lisonja allana.)

(Sale Farfán.)

Farfán   Aquí a vuestros pies estoy.

Rey   Farfán de Ribera, estaba
                        con pena de que muriera
                        Sancho Ortiz; mas ya se trata
                        de que en destierro se trueque
                        la muerte; y será más larga,
                        porque será mientras viva.
                        Vuestro parecer me falta,

       para que así se pronuncie
       cosa de más importancia.

Farfán   Mande a Farfán de Ribera
       Vuestra Alteza, sin que en nada
       repare; que mi lealtad
       en servirle no repara
       en cosa alguna.

Rey   Al fin, sois
       Ribera en quien vierte el alba
       flores de virtudes bellas,
       que os guarnecen y acompañan.
       Id con Dios.

(Vase Farfán.)

Rey   Bien negocié.
       Hoy de la muerte se escapa
       Sancho Ortiz, y mi promesa
       sin que se entienda se salva.
       Haré que por general
       de alguna frontera vaya,
       con que le destierro y premio.

(Vuelven los alcaldes.)

Pedro   Ya está, gran señor, firmada
       la sentencia, y que la vea
       Vuestra Alteza solo falta.

(Dale al Rey un papel.)

Rey   Habrá la sentencia sido

Farfán	como yo la deseaba de tan nobles caballeros. Nuestra lealtad nos ensalza.
(Lee.)	
Rey	«Fallamos y pronunciamos que le corten en la plaza la cabeza.» ¿Esta sentencia es la que traéis firmada? ¿Ansí, villanos, cumplís a vuestro rey la palabra? ¡Vive Dios!
Farfán	Lo prometido con las vidas y las armas cumplirá el menor de todos, como ves, como arrimada la vara tenga; con ella, ¡por las potencias humanas, por la tierra, y por el cielo, que ninguno de ellos haga cosa mal hecha, o mal dicha!
Pedro	Como a vasallos nos manda, mas como a Alcaldes Mayores, no pidas injustas causas; que aquello es estar sin ellas, y aquesto es estar con varas; y el Cabildo de Sevilla es quien es.
Rey	Bueno está. Basta;

                    que todos me avergonzáis.

(Salen Don Arias, y Estrella.)

Arias   Ya está aquí Estrella.

Rey   Don Arias,
                  ¿qué he de hacer? ¿Qué me aconseja
                  entre confusiones tantas?

(Salen el Alcaide, y don Sancho Ortiz, y Clarindo.)

Alcaide   Ya Sancho Ortiz está aquí.

Sancho   Gran señor, ¿por qué no acabas
                  con la muerte mis desdichas,
                  con tu rigor mis desgracias?
                  Yo maté a Busto Tavera.
                  Mátame, muera quien mata.
                  Haz, señor, misericordia,
                  haciendo justicia.

Rey   Aguarda.
                  ¿Quién te mandó dar la muerte?

Sancho   Un papel.

Rey   ¿De quién?

Sancho   Si hablara
                  el papel, él lo dijera;
                  que es cosa evidente y clara;
                  mas los papeles rompidos
                  dan confusas las palabras.

	Solo sé que di la muerte
al hombre que más amaba,
por haberlo prometido.
Mas aquí a tus pies aguarda
Estrella mi heroica muerte,
y aun no es bastante venganza.
Rey	Estrella, yo os he casado
con un grande de mi casa,
mozo, galán, y en Castilla
príncipe, y señor de salva.
Y en premio de esto os pedimos
con su perdón vuestra gracia,
que no es justo que se niegue.
Estrella	Ya, señor, que estoy casada,
vaya libre Sancho Ortiz.
No ejecutes mi venganza.
Sancho	Al fin, ¿me das el perdón
porque Su Alteza te casa?
Estrella	Sí, por eso te perdono.
Sancho	Y ¿quedas ansí vengada
de mi agravio?
Estrella	Y satisfecha.
Sancho	Pues, porque tus esperanzas
se logren, la vida aceto,
aunque morir deseaba.
Rey	Id con Dios.

Farfán	Mirad, señor, que así Sevilla se agravia, y debe morir.
Rey	¿Qué haré? que me apuran y acobardan esta gente.
Arias	Hablad.
Rey	Sevilla, matadme a mí; que fuí causa de esta muerte. Yo mandé matarle, y aquesto basta para su descargo.
Sancho	Solo ese descargo aguardaba mi honor; que el rey me mandó matarle; que yo una hazaña tan fiera no cometiera, si el rey no me lo mandara.
Rey	Digo que es verdad.
Farfán	Así Sevilla se desagravia; que, pues mandasteis matarle, sin duda os daría causa.
Rey	Admirado me ha dejado la nobleza sevillana.

Sancho	Yo a cumplir salgo el destierro, cumpliéndome otra palabra que me disteis.
Rey	Yo la ofrezco.
Sancho	Yo dije que aquella dama por mujer habías de darme que yo quisiera.
Rey	Ansí pasa.
Sancho	Pues a doña Estrella pido, y aquí, a sus divinas plantas, el perdón de mis errores.
Estrella	Sancho Ortiz, yo estoy casada.
Sancho	¿Casada?
Estrella	Sí.
Sancho	Yo estoy muerto.
Rey	Estrella, ésta es mi palabra; rey soy, y debo cumplirla. ¿Qué me respondéis?
Estrella	Que se haga vuestro gusto. Suya soy.
Sancho	Yo soy suyo.
Rey	Ya ¿qué os falta?

Sancho   La conformidad.

Estrella   Pues ésa
jamás podremos hallarla
viviendo juntos.

Sancho   Lo mismo
digo yo, y por esta causa
de la palabra te absuelvo.

Estrella   Yo te absuelvo la palabra;
que ver siempre al homicida
de mi hermano en mesa y cama
me ha de dar pena.

Sancho   Y a mí,
estar siempre con la hermana
del que maté injustamente,
queriéndole como al alma.

Estrella   Pues ¿libres quedamos?

Sancho   Sí.

Estrella   Pues adiós.

Sancho   Adiós.

Rey   Aguarda.

Estrella   Señor, no ha de ser mi esposo
hombre que a mi hermano mata,
aunque le quiero y adoro.

(Vase.)

Sancho   Y yo, señor, por amarla,
                no es justicia que lo sea.

(Vase.)

Rey   ¡Brava fe!

Arias   ¡Brava constancia!

Clarindo   Más me parece locura.

Rey   Toda esta gente me espanta.

Pedro   Tiene esta gente Sevilla.

Rey   Casarla pienso, y casarla
                como merece.

Clarindo   Y aquí
                esta tragedia os consagra
                Cardenio, dando a la Estrella
                de Sevilla eterna fama,
                cuyo prodigioso caso
                inmortales bronces guardan.

                Fin de la comedia

Libros a la carta
A la carta es un servicio especializado para
empresas,
librerías,
bibliotecas,
editoriales
y centros de enseñanza;
y permite confeccionar libros que, por su formato y concepción, sirven a los propósitos más específicos de estas instituciones.
Las empresas nos encargan ediciones personalizadas para marketing editorial o para regalos institucionales. Y los interesados solicitan, a título personal, ediciones antiguas, o no disponibles en el mercado; y las acompañan con notas y comentarios críticos.
Las ediciones tienen como apoyo un libro de estilo con todo tipo de referencias sobre los criterios de tratamiento tipográfico aplicados a nuestros libros que puede ser consultado en Linkgua-ediciones.com.
Linkgua edita por encargo diferentes versiones de una misma obra con distintos tratamientos ortotipográficos (actualizaciones de carácter divulgativo de un clásico, o versiones estrictamente fieles a la edición original de referencia). Este servicio de ediciones a la carta le permitirá, si usted se dedica a la enseñanza, tener una forma de hacer pública su interpretación de un texto y, sobre una versión digitalizada «base», usted podrá introducir interpretaciones del texto fuente. Es un tópico que los profesores denuncien en clase los desmanes de una edición, o vayan comentando errores de interpretación de un texto y esta es una solución útil a esa necesidad del mundo académico.
Asimismo publicamos de manera sistemática, en un mismo catálogo, tesis doctorales y actas de congresos académicos, que son distribuidas a través de nuestra Web.
El servicio de «libros a la carta» funciona de dos formas.
1. Tenemos un fondo de libros digitalizados que usted puede personalizar en tiradas de al menos cinco ejemplares. Estas personalizaciones pueden ser de todo tipo: añadir notas de clase para uso de un grupo de estudiantes, introducir logos corporativos para uso con fines de marketing empresarial, etc. etc.

2. Buscamos libros descatalogados de otras editoriales y los reeditamos en tiradas cortas a petición de un cliente.

www.ingramcontent.com/pod-product-compliance
Lightning Source LLC
LaVergne TN
LVHW041255080426
835510LV00009B/751